Teaching Guide

EASY ENGLISH

B 1.2

von	Britta Landermann
Beratende Mitarbeit	Astrid Hornoff
	Monika Rycken

Easy English B1.2 *Teaching Guide* Handreichungen für den Unterricht mit Kopiervorlagen

Im Auftrag des Verlages erarbeitet von Britta Landermann

Beratende Mitarbeit Astrid Hornoff, Leipzig
Monika Rycken, Kleve

Redaktion Lena Posingies

Redaktionelle Mitarbeit Adam Christopher Hill

Projektleitung Andreas Goebel

Umschlaggestaltung Sofarobotnik, Augsburg

Layout und technische Umsetzung Zweiband.media, Berlin

Illustration Christian Bartz, Berlin

Zu den vorliegenden Handreichungen für den Unterricht sind auch erhältlich:
Kursbuch mit 2 CDs, Phrasebook und Video-DVD ISBN 978-3-06-520823-9
Kursleiterpaket: Kursbuch Kursleiterfassung mit 2 CDs, Phrasebook und Video-DVD ISBN 978-3-06-520824-6

Bildquellen: Cover: Getty Images: Wilfred Y Wong

www.cornelsen.de

Die Links zu externen Webseiten Dritter, die in diesem Lehrwerk angegeben sind, wurden vor Drucklegung sorgfältig auf ihre Aktualität geprüft. Der Verlag übernimmt keine Gewähr für die Aktualität und den Inhalt dieser Seiten oder solcher, die mit ihnen verlinkt sind.

1. Auflage, 1. Druck 2016

© 2016 Cornelsen Schulverlage GmbH, Berlin

Druck: Beltz Bad Langensalza GmbH

ISBN 978-3-06-520486-6

PEFC zertifiziert
Dieses Produkt stammt aus nachhaltig bewirtschafteten Wäldern und kontrollierten Quellen.
www.pefc.de
PEFC/04-31-2257

Einführung

Herzlich willkommen zu EASY ENGLISH!

Der *Teaching Guide* zu EASY ENGLISH begleitet Sie sicher durch Ihren Unterricht. Hier werden die Aufgaben in den Units Schritt für Schritt erläutert und durch wertvolle *teaching tips* ergänzt. Außerdem finden Sie Hinweise für eine effektive Unterrichtsplanung und für sicheres, erfolgreiches Unterrichten. Übungsvarianten und Erweiterungen sorgen für Abwechslung und ein Ideenpool mit zusätzlichen Übungen ergänzt das Kursbuchangebot.

Für zusätzliche Wiederholungen und landeskundliche Informationen eignen sich folgende Seiten:

SUMMARY (Zusammenfassung des Gelernten)

FACTS & FUN (Landeskunde und spielerische Aktivität)

EXTRA PRACTICE (Zusatzübungen)

MAGAZINE (Nützliches und Ungewöhnliches aus der englischsprachigen Welt)

Der *Teaching Guide* wird mit Anregungen zur Differenzierung sowie mit Ideen für den Einsatz der EASY ENGLISH Videos im Unterricht abgerundet. So steht EASY ENGLISH für *easy teaching* – mit Abwechslung und Spaß, Erfolg und Sicherheit – für Sie und Ihre Lernenden!

Wo finde ich was?

Am Anfang des *Teaching Guides* geben wir Ihnen einige *teaching tips* zur allgemeinen Unterrichtsgestaltung mit EASY ENGLISH.

Jede *Unit* beginnt mit einem Überblick über die Lernziele, die Grammatik und die Kopiervorlagen. Sollten Sie zusätzliches Material benötigen, finden Sie einen Hinweis unter „Materialien". Hier geben wir Ihnen auch Anregungen, welche Kopiervorlage in Verbindung mit der *Unit* besonders geeignet ist.

Selbstverständlich gibt Ihnen der *Teaching Guide* zu jeder Übung praktische Vorschläge und Tipps sowie Hinweise zur Einführung neuer Grammatik oder neuen Wortschatzes. Lösungen und Hintergrundinformationen sowie Verweise auf die *teaching tips* helfen Ihnen beim sicheren Unterrichten und runden Ihre Vorbereitungen ab. Vorschläge für Tafelbilder finden Sie in der Randspalte. Am Ende jeder *Unit* finden Sie Hinweise auf mögliche Hausaufgabenstellungen. Mit „Teilnehmer" sind immer männliche und weibliche Lernende gemeint.

Symbole

🔢 Höraufgabe

📋 Hinweis auf geeignete Kopiervorlage (am Ende des *Teaching Guides*)

👥 Hinweis auf Gruppenarbeit

👥 Hinweis auf eine Partnerübung

🕐 geschätzte Zeitangabe zur Übungsdauer (zur Erleichterung der Unterrichtsplanung)

Viel Spaß und Erfolg mit EASY ENGLISH wünscht Ihnen Ihr Cornelsen-Team!

Inhalt

Einstieg

Wenn Sie mit *Easy English* B1.2 einen neuen Kurs beginnen und auch in anderen Stunden, nutzen Sie die Gelegenheit, die Sitzordnung vor Eintreffen der Teilnehmer möglichst kommunikativ zu gestalten (Sitzrunde oder Hufeisen). Dabei müssen Sie nicht notwendigerweise den „Vorsitz" übernehmen. Begrüßen Sie jeden Teilnehmer persönlich; z. B. bekannte Teilnehmer mit *Hello (name), how nice to see you again.* Heißen Sie neue Teilnehmer willkommen: *Hello and welcome. My name's (teacher's name).* Ermuntern Sie die Teilnehmer, auf Englisch zu antworten.

Sollte die Mehrzahl der Teilnehmer *Easy English* noch nicht kennen, geben Sie eine kurze Einweisung in das Buch. Weisen Sie z. B. darauf hin, wo neues Vokabular zu finden ist, wo die Grammatikhinweise sind und wo sich die Transcripte befinden. Erläutern Sie auch die Nutzung der CDs mit den Audioübungen und Filmen. Bereiten Sie schon vor ihrem Unterricht, z. B. mit Hilfe eines einsprachigen Wörterbuches, Definitionen oder Synonyme für neuen Wortschatz vor

Vorwissen nutzen

Teilnehmer, die mit *Easy English* B1.2 arbeiten, haben schon einen beachtlichen Wortschatz erarbeitet und verfügen sicherlich über ein großes Vorwissen. Unterstützen Sie die Teilnehmer darin, diese Vorkenntnisse und das vorhandene Wissen aktiv in die Gruppe einzubringen. Dazu bieten die vielen personalisierten Fragestellungen und diversen Diskussionsangebote ein hervorragendes Forum. Dabei können alle voneinander lernen.

Aufgabenstellungen

Dieser B1.2-Band bietet den Teilnehmern vielfältige Aufgaben mit einem klaren Unterrichtsziel: Die Teilnehmer sollen so viel wie möglich aktiv in der englischen Sprache kommunizieren. Daher finden sich in den Units viele relativ offene Sprechangebote, die die Teilnehmer mit einem Partner oder auch in Gruppenarbeit durchführen können. Dazu gehören auch *Present the class*-Aufgaben, in denen die Teilnehmer gemeinsam erarbeitete Inhalte der ganzen Gruppe präsentieren. Achten Sie durch beobachtendes Herumgehen hierbei darauf, dass auch lernschwächere oder schüchterne Teilnehmer in die Gruppenarbeit miteinbezogen werden. Generell gilt: Je mehr Gruppenarbeit, desto besser. Die Interaktion und der Austausch einer Gruppenarbeit wirkt motivierend und vermittelt den Teilnehmern die Erfahrung, unabhängig von der Lehrkraft Englisch zu sprechen. Dabei gilt: Kommunikationsfähigkeit geht vor Korrektheit. Das Verstandenwerden in der Fremdsprache ist sicherlich eine der motivierendsten Erfahrungen jedes Teilnehmers.

Zielsprache Englisch

Wie auch in *Easy English* B1.1 steht die Zielsprache Englisch deutlich im Vordergrund. Ermutigen Sie die Teilnehmer, auch neue Sachverhalte auf Englisch zu formulieren. Wortschatz, den die Teilnehmer in einer spannenden Diskussion selbst aufbringen, lernt sich zumeist leicht und nachhaltig. Das neue Vokabular lässt sich gut in den Randspalten neben den entsprechenden Aufgaben notieren.

Grammatik	*Easy English* B1.2 beinhaltet fortgeschrittene Grammatik, wie *if*-Sätze oder auch verschiedene Perfekt- oder Passivformen. Nehmen Sie diese Themen leicht. Die *Language Boxes* in den Units und auch die Grammatikerläuterungen bieten klare Erläuterungen ohne komplizierte Fachtermini. Ermutigen Sie auch hier die Teilnehmer, eigene Tipps und Tricks zum Grammatiklernen einzubringen. Regeln, die die Teilnehmer selber aufstellen, sind leichter zu lernen und beziehen das Vorwissen und die Lernerfahrung der ganzen Gruppe mit ein. Dabei gilt immer: Grammatiklernen ist kein Selbstzweck, sondern dient dazu, die Kommunikationsfähigkeit der Teilnehmer zu verbessern.
Authentisches Video- und Audiomaterial	Das Hör- und Videomaterial vermittelt authentische Sprache aus den verschiedenen englischsprachigen Ländern der Welt. Dabei werden ganz unterschiedliche Beiträge wie Interviews, Führungen oder Erzählungen genutzt. Vermitteln Sie die diversen Akzente als authentische Bereicherung, indem Sie die Videos und Audios durch klare Aufgabenstellungen begleiten, deren Lösung den Teilnehmern ein Erfolgserlebnis verschafft. Längere Beiträge können Sie in kleineren „Häppchen" präsentieren oder auch in Gruppenarbeit bearbeiten lassen. Machen Sie deutlich, dass sich unsere Ohren nicht allen Akzenten gleichermaßen öffnen und es daher vollkommen normal ist, dass wir nicht alle Muttersprachler gleich gut verstehen. Zusätzlich zu den Video-Verständnisfragen bietet *Easy English* B1.2 weitere Diskussionsangebote in Form von personalisierten Fragen am Ende der Videoaufgaben.
Magazine, *Kaldeiscope* und *Facts and Fun*	*Easy English* B1.2 führt das Feature der *Kaleidoscope*- und *Magazine*-Seiten fort. Diese Seiten bieten ein buntes und unterhaltsames Potpourri mit spannenden und nützlichen Informationen rund um das Thema Englisch als Weltsprache. Insbesondere die *Kaleidoscope*-Seiten lassen sich auch gut als Hausaufgabe bearbeiten.
Spiele	Neuer Wortschatz lässt sich gut mit Spielen vertiefen; Frage- und Antwort-Spiele unterstützen auf unterhaltsame Art und Weise die Kommunikation. Insbesondere, wenn sich die Mitglieder einer Lerngruppe noch nicht gut kennen und ein offener Austausch eher schüchterne Teilnehmer zurückschrecken lässt, sind Karten oder Brettspiele eine gute Möglichkeit, eine geschützte und gelenkte Lernumgebung zu schaffen. Dazu machen die Kopiervorlagen des *Teaching Guides* diverse Angebote. Lassen Sie Ihrer Fantasie bei der Kreation eigener Spiele freien Lauf. Mit einfachen Mitteln wie Karten oder ein paar Würfeln und einem schnell angezeichneten Spielbrett lässt sich neuer Wortschatz lebhaft vertiefen.

Videomaterial	*Easy English* B1.2 wird von fünf Filmen mit einer Länge von je ca. 6–10 Minuten begleitet. Die Filme bieten u. a. authentische Interviews, Straßenszenen und Sight-seeing aus England und Schottland.
Sicherheit	Jedes Video kann mit deutschen und englischen Untertiteln geschaut werden. Das Transcript im Appendix des Kursbuches ab Seite 158 bietet den Teilnehmern die zusätzliche Sicherheit, alles nachlesen zu können. Machen Sie deutlich, dass Nach- und Rückfragen bei Nichtverstehen nützlich und gewünscht sind. Sollte es für einige Teilnehmer das erste Video sein, mit dem sie arbeiten, stellen Sie sicher, dass sie damit eine positive Erfahrung verbinden. Dazu können Sie anbieten, den Film zu Beginn mit Untertiteln zu schauen.
Authentizität	Die Videos von *Easy English* B1.2 bieten den Teilnehmern viele Möglichkeiten, authentisches Englisch kennenzulernen. Dazu werden Muttersprachler mit diversen Akzenten zu Wort kommen. Nutzen Sie die Interviews, Führungen und Gespräche, um die Teilnehmer für die ganze Bandbreite der englischsprachigen Welt zu inter-essieren. Dazu gehört auch, sich an unterschiedliche Akzente zu gewöhnen. Gehen Sie dazu bei lernschwächeren Lernenden in einzelnen Videoabschnitten vor, um ihre Verstehensfertigkeit nicht zu überfordern. Viele Videos lassen sich auch von Stunde zu Stunde in Teilstücken schauen. Nutzen Sie auch die Authentizität im Bild: Beschreiben Sie Zeichen, Anzeigetafeln, Gebäude usw. und bitten Sie Teilnehmer mit Vorwissen, dieses in den Kurs einzubringen.
Verständnisfragen	Jeder Film wird im Buch ab Seite 130 von einer Videoaufgabe begleitet, die Sie auch als Hausaufgabe verwenden können. Die Lösungen finden sich auf Seite 170 im Buch. Darüber hinaus stellen *Background*-Informationen in den einzelnen Video-beschreibungen sicher, dass nützliches Hintergrundwissen zu historischen Persön-lichkeiten, Bauwerken oder Ereignissen aus den Videos zur Verfügung steht.
Transcripte	Die Transcripte ab Seite 170 stellen sicher, dass alle Teilnehmer den gesamten Inhalt der Videos auch nach- bzw. mitlesen können. Sie können die Transcripte auch nutzen, um das Anschauen eines Videos als Hausaufgabe zu stellen. Geben Sie den Teilnehmern dazu zusätzlich eine klare Aufgabenstellung an die Hand, wie das Ausfüllen der Verständnisfragen zum Video, oder fügen Sie eine eigene inhaltliche Frage nach einer im Video genannten historischen Person hinzu. Dies kann das gemeinsame Schauen in der Gruppe erleichtern und fördert das selbstständige Lernen.

Vielfalt

Videos sind im Unterricht vielfältig einsetzbar und nutzbar. Jede Videobeschreibung erläutert detailliert und jedem Video angepasst unterschiedliche Einsatzmöglichkeiten im Unterricht. Darüber hinaus können Sie noch weitere Aktivitäten nutzen:

Forschen: *Presenting activities*

Geben Sie den Teilnehmern die Gelegenheit, über einzelne Aspekte des Videos nachzuforschen: Als Themen dazu eignen sich historische Persönlichkeiten oder auch landeskundliche Details. Sie ermuntern die Teilnehmer so, die Filme nochmals zu Hause zu schauen und damit das Vokabular zu wiederholen und sich in den eigenen Nachforschungen neues Vokabular selbständig zu erarbeiten. Das Vorstellen der Forschungsergebnisse in der Gruppe ermutigt auch andere Teilnehmer zum Einbringen des eigenen Vorwissens und sorgt für ein weiteres Erfolgserlebnis.

Inhalte berichten

Schauen Sie das Video in thematischen Abschnitten mit unterschiedlichen Teilen der Gruppe und bitten Sie die Gruppen, sich gegenseitig zu beschreiben, was sie gesehen haben. Auf diese Weise wiederholen Sie Vokabular aus dem Video selbst und fördern das Berichten und die Wiedergabe von Inhalten. Stellen Sie dabei immer sicher, dass alle Teilnehmer am Schluss das gesamte Video gemeinsam schauen, damit alle abschließend den gleichen Informationsstand erreichen.

Simulations

Bei Stadtführungen bieten sich Simulationen an. Stoppen Sie das Video an markanten Stellen und laden Sie die Teilnehmer ein, das Gesehene in einer eigenen Führung zu wiederholen.
Besichtigungstouren und touristische Themen sind ein guter Anlass, eine Führung auch für den eigenen Stadtteil oder eine städtische Sehenswürdigkeit zu planen!

Gruppenübungen

Die interaktive Arbeit mit den Videos ist ein wichtiger Bestandteil der Videoübungen. Laden Sie die Teilnehmer dazu ein, z. B. einzelne inhaltlich zusammenhängende Abschnitte des Videos gemeinsam, beispielsweise in Gruppenarbeit, zusammenzufassen. Ein zusätzliches Feature sind die Diskussionsangebote der angegliederten EXTRA Fragen, die sich sehr gut im Unterricht im Gruppengespräch oder auch in Partnerarbeit bearbeiten lassen.

No place like home

Lernziele

- Wo man sich zu Hause fühlt
- Mit Freunden und Familie in Kontakt bleiben
- Umzug und Auswanderung
- Traditionen und Bräuche
- Neuseeland

Grammatik

- Wiederholung der Zeiten: einfache Gegenwart; Verlaufsform der Gegenwart

Materialien

- Aufgabe 06: Kopiervorlage 1.1, eine Kopie pro Teilnehmer
- Aufgabe 07: Kopiervorlage 1.2, eine Kopie pro Teilnehmer

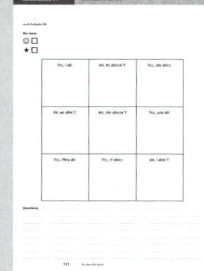 

Picture

1. Bitten Sie die Teilnehmer, sich die Fotos auf Seite 10 anzuschauen. Fragen Sie *Which country do the photos remind you of?*
2. Fragen Sie die Teilnehmer *If you had four photos representing your country, what would they show?* Geben Sie den Teilnehmern Bedenkzeit und sammeln Sie dann Nennungen auf Zuruf (Mögliche Lösung: *Brandenburg Gate, The Black Forrest*). Für den Fall, dass Sie Teilnehmer aus anderen Ländern im Kurs haben, überlegen Sie sich anhand der Teilnehmerliste schon im Vorhinein die englische Bezeichnung dieser Länder. Übernehmen Sie dann die Ländernamen an die Tafel. Diese Informationen werden in Aufgabe 04 wieder aufgenommen. Nutzen Sie diese Aufgabe ruhig ausführlich, damit sich neue und schon bekannte Teilnehmer etwas näher kennenlernen.

01   **Warm up**

1. Lesen Sie die Anweisung in der Randspalte vor.
2. Geben Sie den Teilnehmern Zeit, die Quizfragen durchzulesen und Verständnisfragen zu stellen. Das neue Wort *gold fields* erschließt sich sicher von selbst.
3. Anschließend lösen die Teilnehmer das Quiz gemeinsam mit einem Partner.
4. Geben Sie die Lösung bekannt. Gibt es eine Zweiergruppe, die alle Fragen richtig beantwortet hatte? Wenn ja, fragen Sie *How did you know? Where did you get the information from?*

Lösung

Scotland has more people and oil fields. New Zealand has more sheep than people.

5. Ein Teilnehmer liest anschließend die Diskussionsfragen unterhalb des Quizzes vor. Zwei weitere Teilnehmer können die Texte in den Sprechblasen übernehmen. Fordern Sie die Teilnehmer auf, sich mit einem oder mehreren Nachbarn auszutauschen und Wissen über Neuseeland oder Schottland an der Tafel zu sammeln.

6. Übernehmen Sie während der Diskussion die beiden Ländernamen an die Tafel. Beenden Sie den Austausch, wenn das Redeaufkommen deutlich nachlässt. Beginnen Sie mit dem Besprechen der Lösungen z. B., indem Sie einen ersten Teilnehmer direkt ansprechen und fragen *So, what have you found out about New Zealand/Scotland?* Übernehmen Sie die Antwort in Stichworten unter dem Ländernamen an die Tafel. Fragen Sie danach in die Runde *Anything else?* Der nächste Teilnehmer notiert seine Informationen in Stichworten selbst an der Tafel. Verfahren Sie so, bis alle Informationen ausgetauscht und gesammelt wurden. Betonen Sie positiv das gemeinsame Wissen der Gruppe.

Erweiterung

7. Wenn Sie die Möglichkeit haben, online zu gehen, rufen Sie eine Weltkarte auf. Suchen Sie mit den Teilnehmern gemeinsam Neuseeland und Schottland.

Hinweis

– Weisen Sie auf Nachfrage darauf hin, dass das Apostroph *d* in *I'd love to …* für *would* steht.

02 Text

02

1. Bitten Sie die Teilnehmer, sich die Kartenskizze in der Randspalte anzuschauen. Fragen Sie z. B. *Do you know any other places in New Zealand? Do you know where they are?* Sammeln Sie Nennungen auf Zuruf und übernehmen sie die Ortsnamen an die Tafel.

2. Die Teilnehmer lesen das Intro und die Anweisung in der Randspalte durch. Klären Sie Verständnisfragen.

3. Spielen Sie das Interview einmal ab.

4. Fragen Sie anschließend, ob jemand schon die Antworten auf die Frage nennen kann. Geben Sie den anderen Teilnehmern Zeit, mögliche Antworten zu kommentieren, bevor Sie dies selbst tun.

Lösung

schools; weather

5. Spielen Sie abschließend das Interview erneut ab. Dabei können die Teilnehmer den Text mitlesen.

Variante ab 3.

3. Bei einer lernschwächeren Gruppe spielen Sie das Interview das erste Mal zum „Einhören" ab, ohne dass die Teilnehmer die Frage in der Randspalte beantworten. Die Teilnehmer lesen den Text mit. Klären Sie anschließend Verständnisfragen.

4. Spielen Sie anschließend das Interview ein zweites Mal ab, ohne dass die Teilnehmer mitlesen. Die Teilnehmer versuchen nun, die Fragen zu beantworten.

|  **Background** | Die Statue auf dem Foto zeigt Robert Burns (1759–1796), den schottischen Nationaldichter. Bekannt ist das von ihm verfasste Lied *Auld Lang Syne*. |

03 Talk about the text

1. Geben Sie den Teilnehmern Zeit, die Fragen durchzulesen und Verständnisfragen zu stellen.
2. Die Teilnehmer lesen die Informationen im Text nach und können sich dazu mit einem Nachbarn besprechen.
3. Lesen Sie die erste Frage vor und sprechen Sie einen Teilnehmer an. Geben Sie der Gruppe Zeit, auf dessen Antwort zu reagieren, bevor Sie dies selbst tun.
4. Laden Sie den Teilnehmer ein, die zweite Frage vorzulesen und seinerseits eine Person anzusprechen: *(Paul), could you read the next question for us and ask somebody?* Laden Sie auch hier die Teilnehmer ein, untereinander zu korrigieren, bevor Sie dies tun. Verfahren Sie so, bis alle Fragen beantwortet wurden.

Lösung

1 She is divorced, she has scottish grandparents, she was born in England and she has a son.; 2 Dunedin was the nearest port to the first New Zealand gold field.; 3 It reminds her of Scotland, where she spent holidays with her grandparents as a child.; 4 About 20 % of the early European settlers came from Scotland.; 5 They're having a Scottish literature event this year.

Hinweis

– Bei einer lernschwächeren Gruppe kann es hilfreich sein, wenn sich die Teilnehmer zur Beantwortung der Fragen Notizen machen.

04 Now you

1. Die Teilnehmer beantworten die Fragen vorerst jeder für sich. Dabei kann es hilfreich sein, sich Notizen zu machen. Gehen Sie herum und helfen Sie bei Wortnachfragen.
2. Fordern Sie anschließend alle Teilnehmer auf, sich mit einem Nachbarn über alle Fragen auszutauschen.
3. Bitten Sie anschließend einen ersten Teilnehmer, die erste Frage vorzulesen und zu beantworten. Fahren Sie dann in Sitzreihenfolge fort.
4. Gibt es etwas, was alle Teilnehmer vermissen würden, wenn sie Deutschland verlassen müssten?

Variante ab 3.

3. Die Teilnehmer kehren anschließend auf ihre Plätze zurück. Bitten Sie einen ersten Teilnehmer, die erste Frage vorzulesen und zu beantworten. Fragen Sie im nächsten Schritt *(Silke), who was your conversation partner? What did you learn about her/him?*
4. Der Teilnehmer berichtet nun über seinen Gesprächspartner in der Austauschrunde.

05 LANGUAGE

▶ Grammatikseite 136

1. Übernehmen Sie folgende Tabelle an die Tafel.

signal words	simple present	signal words	present progressive

2. Sechs Teilnehmer lesen die Beispielsätze in der *Language Box* vor. Klären Sie Verständnisfragen. Bitten Sie die Teilnehmer, Ihnen die Formen zu nennen, die im *simple present* und im *present progressive* stehen. Die Teilnehmer tragen diese in das Tafelbild ein.

3. Verweisen Sie auf die kursiv gesetzten Signalwörter in der *Language Box*. Fragen Sie *Why do you think these words are in italics? What's special about them?* Sammeln Sie Erklärungen gemeinsam in der Gruppe. Übernehmen Sie die Signalwörter in das Tafelbild.

4. Fragen Sie die Teilnehmer *Can you add any more signal words?* Die Teilnehmer, die Signalwörter kennen, tragen diese selber an der Tafel ein. Ihr Tafelbild könnte jetzt so aussehen:

signal words	simple present	signal words	present progressive
every year	He works	right now	The festival is
once a week	He doesn't live	this year	happening
	We have	at the moment	My son isn't playing
	Do they practise		They're organizing
			Is he doing

06 Practice

1. Zur Einführung in diese Aufgabe übernehmen Sie folgendes Bild an die Tafel:

Fragen Sie die Teilnehmer *Which words are missing?* Tragen Sie die richtigen Nennungen auf Zuruf ein.

Where	do you	work?
	does he/she/it	
	do we/you/they	

2. Die Teilnehmer machen sich mit der Aufgabenstellung vertraut. Bitten Sie einen Teilnehmer, das Beispiel in Satz 1 vorzulesen. Verweisen Sie zum Abgleich nochmals auf das Tafelbild.

3. Die Teilnehmer bearbeiten nun die Sätze jeder für sich.

4. Vergleichen Sie abschließend die Lösungen, indem die Teilnehmer die Fragen in Sitzreihenfolge vorlesen. Geben Sie der Gruppe Zeit zum Kommentieren, bevor Sie dies selbst tun.

Lösung

2 Does he work in a gold mine?; 3 Do your neighbours enjoy your son's music?; 4 Where does Bill live?; 5 Does Kelly sometimes play in a band?; 6 When do they usually celebrate Burns Night?; 7 Do you often sing in the church choir?

Hinweis	– In den Fragen 5–7 werden die Häufigkeitsangaben *sometimes*, *usually* und *often* verwendet. Sollten sich bei den Fragestellungen Unklarheiten in der Wortstellung ergeben, weisen Sie darauf hin, dass Wörter wie *sometimes*, *usually* und *often* vor dem Hauptverb stehen.

Erweiterung

1.1

5. Übernehmen Sie das Raster der Kopiervorlage 1.1 an die Tafel, damit Sie für alle nachvollziehbar dort Smileys und Sternchen eintragen. Verteilen Sie eine Kopiervorlage 1.1 pro Teilnehmer und bilden Sie zwei Gruppen. Eine Gruppe erhält als ihr Zeichen einen Smiley und die andere Gruppen einen Stern.
6. Erläutern Sie, dass die Teilnehmer nun *Tic Tac Toe* spielen. Bei dem Spiel geht es darum, durch richtige Fragen sein Zeichen in das jeweilige Feld zu bekommen. Ziel ist es, durch geschickte Auswahl der Felder eine horizontale, eine vertikale oder eine diagonale Linie von Feldern mit dem eigenen Zeichen zu füllen.
7. Das Feld gewinnt man für sein Zeichen wie folgt: Eine Gruppe beginnt und wählt ein Feld aus, z. B. *Yes, I do*. Sie stellt der Lehrkraft eine Frage, die diese nur mit *Yes, I do* beantworten kann, dies kann z. B. die Frage nach dem Wohnort sein: *Do you live in Melle? Yes, I do.* Die Gruppe erhält nur dann ihr Zeichen in ihrem Feld, wenn sowohl die Frage korrekt gestellt wurde als auch die Antwort exakt dem Feld entspricht. Danach erhält die andere Gruppe ihre Chance. Ziel ist es, als erster einer Dreierreihe mit den eigenen Zeichen zu besetzen.

---

07 Practice

1. Die Teilnehmer machen sich mit der Aufgabenstellung vertraut.
2. Ein Teilnehmer liest den ersten Beispielsatz vor. Fragen Sie nach dem Signalwort. Bestätigen Sie die richtige Nennung *now*.
3. Die Teilnehmer lösen die Aufgabe jeder für sich. Unterstützen Sie wo nötig.
4. Ein erster Teilnehmer liest Satz 2 vor und gibt seinerseits die Vorleserrolle an eine andere Person seiner Wahl weiter. Bestätigen Sie die richtige Lösung.

Lösung

2 are you cooking; 3 isn't raining; 4 's washing; 5 's wearing; 6 'm reading

5. Bitten Sie abschließend die Teilnehmer, alle Signalwörter zu unterstreichen.

Lösung

now; today; at the moment

Hinweis

– Die Aufgabe eignet sich auch gut als Hausaufgabe.

Erweiterung

1.2

6. Verteilen Sie eine Kopiervorlage 1.2 pro Teilnehmer.
7. Erläutern Sie, dass die Teilnehmer mit dieser kurzen Schreibaufgabe, z. B. mit maximal fünf Sätzen, die Anwendung des *present progressive* vertiefen. Dazu sollen sie sich einen Traumurlaub vorstellen. Erklären Sie *Imagine you're sitting on a balcony of your hotel room. You're on your dream holiday. Write down five sentences: Where are you? What can you see from your balcony? What is happening?*
8. Lassen Sie den Teilnehmern ausreichend Zeit zum Schreiben. Unterstützen Sie bei Wortnachfragen.

---

9. Anschließend liest jeder Teilnehmer seine Traumurlaubsvision vor. Korrigieren Sie wo nötig. Gibt es etwas, was allen Vorstellungen von einem Traumurlaub gemeinsam ist?

Variante ab 10.

10. Anschließend sammeln Sie die Blätter ein und mischen sie. Jeder Teilnehmer zieht ein Blatt und liest den Text vor. Korrigieren Sie wo nötig. Können die Teilnehmer raten, welcher Teilnehmer den Text ursprünglich geschrieben hat?

Hinweis

– Diese Aufgabe eignet sich auch gut als Hausaufgabe.

08 Practice

1. Erläutern Sie, dass es in dieser Aufgabe darum geht, zwischen dem *simple present* und dem *present progressive* zu entscheiden. Sollten Sie diese Aufgabe nicht direkt im Anschluss an die Aufgaben 06 und 07 bearbeiten, können Sie nochmals die Grammatikerläuterungen auf Seite 136 zu Hilfe ziehen.
2. Die Teilnehmer machen sich mit der Aufgabenstellung vertraut und lösen die Aufgabe jeder für sich. Klären Sie Verständnisfragen.
3. Die Teilnehmer lesen anschließend ihre Lösungen in Sitzreihenfolge vor. Bitten Sie jeden Vorleser, seine Auswahl zu begründen; *Why did you decide to use this form?* Geben Sie der Gruppe Zeit zu kommentieren, bevor Sie dies selbst tun.

Lösung

1 My sister usually goes out at the weekend; 2 I'm arranging a party at the moment. Do you want to come?; 3 Do you like Italian food? We're making pizzas for dinner tonight.; 4 Bob often misses the bus because his mum doesn't wake him.; 5 They make a packed lunch every evening because it saves time in the morning.

4. Bitten Sie die Teilnehmer auch hier, die Signalwörter zu unterstreichen. Diese können links neben der *Language Box* auf Seite 136 gesammelt werden *(at the weekend, at the moment, tonight, often, every evening)*.

Hinweise

– Diese Aufgabe eignet sich auch gut als Hausaufgabe.
– In Sätzen 2 und 3 werden *want* und *like* verwendet. Beide sind Verben sind statische Verben, die im Allgemeinen nicht in der *-ing* Form verwendet werden.

09 Now you

1. Lesen Sie die Anweisung in der Randspalte vor und bitten Sie einen Teilnehmer, die *Useful language Box* vorzulesen. Klären Sie Verständnisfragen.
2. Erklären Sie, dass es in der Aufgabe darum geht, mit Hilfe der *phrases* im oberen Kasten etwas über Gewohnheiten, Vorlieben oder Hobbies zu erzählen und dazu das *simple present* zu verwenden. Die Teilnehmer können dazu zusätzliche Ideen brainstormen. Lesen Sie selbst als Beispiel die linke untere Sprechblase vor und sprechen Sie damit einen Teilnehmer direkt an. Ermutigen Sie diesen, zu antworten. Verfahren Sie ebenso mit der zweiten Sprechblase.
3. Die Teilnehmer notieren sich anschließend alle Sprechblasen. Unterstützen Sie wenn nötig.

No place like home

4. Bitten Sie alle Gruppenmitglieder, sich einen Partner im Raum zu suchen und sich mit Hilfe der Notizen auszutauschen. Gehen Sie herum und unterstützen Sie wo nötig.
5. Beenden Sie den Austausch, wenn sich das Redeaufkommen deutlich verringert.
6. Die Teilnehmer kehren an ihren Platz zurück. Fragen Sie abschließend, wer durch das Gespräch jetzt zusätzliche Ausdrücke in die *Useful language box* eintragen kann. Übernehmen Sie die Nennungen auf Zuruf an die Tafel, um die richtige Schreibweise sicherzustellen.

10 Wordpower

1. Dies ist die erste *Wordpower*-Aufgabe dieses Buches. Erklären Sie, dass es in *Wordpower* um die Erweiterung des aktiven und passiven Wortschatzes der Lernenden geht, hier um fest stehende Ausdrücke mit *home*.
2. Bitten Sie einen Teilnehmer, die Anweisung in der Aufgabe vorzulesen. Die Teilnehmer lesen anschließend zuerst die Ausdrücke 1–7 und dann die Ausdrücke A–G in Sitzreihenfolge vor. Klären Sie Verständnisfragen.
3. Die Teilnehmer lösen anschließend den ersten Teil der Aufgabe. Dazu können sie sich mit einem Nachbarn besprechen.
4. Bitten Sie einen Teilnehmer, den Ausdruck in 1 vorzulesen. Der Sitznachbar liest seine Lösung aus A–G vor. Bestätigen Sie die richtige Lösung. Der letzte Vorleser übernimmt das Vorlesen des nächsten Ausdrucks 2 usw., bis alle Ausdrücke zusammengefügt wurden.

Lösung

1 C; 2 E; 3 F; 4 B; 5 G; 6 A; 7 D

5. Lesen Sie die zweite Anweisung in der Aufgabe vor. Bitten Sie einen Teilnehmer, den ersten Beispielsatz zu lesen. Klären Sie Verständnisfragen.
6. Die Teilnehmer lösen anschließend den zweiten Teil der Aufgabe und besprechen sich dazu mit einem Nachbarn.
7. Bitten Sie anschließend freiwillige Teilnehmer, die Sätze 1–7 vorzulesen. Geben Sie der Gruppe Zeit zum Kommentieren, bevor Sie dies selbst tun. Ausklang: Gibt es etwas Gemeinsames, das alle Teilnehmer mit dem Begriff *homemade* verbinden?

Lösung

2 homesick; 3 no place like home; 4 home from home; 5 make yourself at home; 6 home comforts

Erweiterung

8. Nutzen Sie die Ausdrücke 2, 4 und 6 für eine zusätzliche Diskussion. Fragen Sie z. B. *Do you know any place that you would call a home from home? Where is it? What's special about it?; What home comforts do you not want to miss when travelling? What's most important for you?; Have you ever been homesick or do you know anybody who tends to get homesick? Why do you think that is?*

Hinweise	– Die deutschen Entsprechungen der Idiome lauten: *no place like home* – zu Hause ist es am schönsten; *a home from home* – sich anderswo wie zu Hause fühlen; *make yourself at home* – fühl dich wie zu Hause; *home comforts* – häusliche Annehmlichkeiten; *home is where the heart is* – Zu Hause ist man dort, wo das Herz ist.; *be homesick* – Heimweh haben; *homemade* – selbstgemacht – Das deutsche „selbstgemacht" wird gerne irrtümlich mit *selfmade* übersetzt. Weisen Sie bei Nachfrage darauf hin, das *selfmade* nur in Zusammenhang mit z. B. einem *selfmade millionaire* verwendet wird, also jemanden beschreibt, der es aus eigener Kraft geschafft hat.

---

11   **Listening**

03

1. Lesen Sie die Anweisung in der Randspalte und den Aufgabentext bis zur zweiten Anweisung vor. Klären Sie Verständnisfragen. Wenn Sie die Möglichkeit haben, gehen Sie online und schauen Sie mit den Teilnehmern nach, wo Nova Scotia in Kanada liegt.
2. Spielen Sie die CD einmal ab. Die Teilnehmer hören zu und versuchen dabei, die Fragen zu beantworten.
3. Fragen Sie, wer bereits die Antworten auf die Fragen herausgehört hat. Bestätigen Sie die richtig genannte Lösung. Bei größeren Unsicherheiten spielen Sie die CD gegebenenfalls ein zweites Mal ab.

Lösung

Wendy is better at keeping in touch.

4. Bitten Sie einen Teilnehmer, den zweiten Teil der Aufgabe vorzulesen. Klären Sie Verständnisfragen.
5. Die Teilnehmer hören das Interview erneut. Sie machen sich Notizen zu den Fragen 1–4.
6. Die Teilnehmer beantworten im Unterrichtsgespräch die Fragen. Halten Sie die Antworten unkommentiert an der Tafel fest.
7. Zur Antwortüberprüfung wird in einem dritten Hördurchgang das Transkript auf Seite 146/147 mitgelesen. Geben Sie Gelegenheit für Rückfragen.

Lösung

1 Every day: she lives at home.; 2 Her ex-boyfriends.; 3 It's expensive and his kids are teenagers with their own friends now.; 4 Sending birthday cards.

Hinweise

– Achtung: Im Englischen heißt es *to be good / bad at something*. Im Deutschen dagegen ‚in etwas gut oder schlecht sein'. Das darauf folgende Verb wird in der *ing*-Form gebraucht.
– Bei einer lesefreudigen Gruppe können Sie das Transkript abschließend mit verteilten Rollen lesen lassen.

12   Now you

1. Die Teilnehmer machen sich mit der Aufgabenstellung vertraut. Klären Sie Verständnisfragen und erläutern Sie, dass diese Aufgabe eine Partneraufgabe in zwei Teilen ist. Die Teilnehmer beginnen damit, die Fragen 1–3 im Austausch mit ihrem Sitznachbarn zu beantworten. Gehen Sie herum und unterstützen Sie wo nötig. Beenden Sie diesen Teil der Aufgabe, wenn das Redeaufkommen deutlich nachlässt.
2. Im zweiten Teil der Aufgabe tauschen sich die Teilnehmer darüber aus, wie sie mit Freunden und Bekannten in Kontakt bleiben.
3. Geben Sie den Teilnehmern Zeit, sich mit Hilfe der Ausdrücke in dem Kasten einige Beispiele zu notieren.
4. Die Teilnehmer suchen sich dann einen Partner im Raum und tauschen sich aus. Gehen Sie herum und unterstützen Sie wo nötig.
5. Schreiben Sie für eine Abschlussrunde an *Which is the best way to stay in touch with family and with friends? Why?*
6. Sammeln Sie die unterschiedlichen Methoden in einer kurzen Zusammenfassung. Gibt es Unterschiede in den Kontakten zu Freunden und Familie?

13   Round up

1. Bitten Sie einen Teilnehmer, die Anweisung in der Randspalte vorzulesen. Die Teilnehmer lesen anschließend die Fragen auf dem Notizzettel in der Aufgabe durch. Klären Sie Verständnisfragen.
2. Geben Sie den Teilnehmern Zeit, die Fragen jeder für sich zu beantworten.
3. Die Teilnehmer lesen anschließend die Beispieltexte in den Sprechblasen und tauschen sich mit einem Partner über ihre Antworten auf dem Notizzettel aus. Dabei machen sie sich (gegebenenfalls auf einem extra Zettel) Notizen zu den Antworten ihrer Partner. Gehen Sie herum und unterstützen Sie wo nötig.
4. Abschließend berichten alle Teilnehmer nacheinander der Gruppe über die Antworten ihrer Partner. Dabei müssen die Teilnehmer die Fragen nicht der Reihenfolge nach bearbeiten. Lenken Sie die Berichte, indem Sie z. B. fragen *What is the most interesting thing you learnt about your partner? What would you like to tell us about your conversation partner?*
5. Nutzen Sie das Bild, um zu diskutieren, wie die Teilnehmer ungeliebte Feierlichkeiten vermeiden *What do you do about festivities or parties you don't like?*

Erweiterung

Hinweis

– Für die Beantwortung von Frage 4 auf dem Notizzettel können diese Wörter hilfreich sein: Namenstag – *name day*, Martinstag – *Martinmas*, Ramadan – *Ramadan*, Ostern – *Easter*, Erntedankfest – *Thanksgiving Day*

Hausaufgaben

Extra Practice Reminder:

☐ p._____   No. _____ _____ _____

☐ p._____   No. _____ _____ _____

☐ p._____   No. _____ _____ _____

☐ _____

☐ _____

Cats and dogs

Lernziele	• Mensch und Tier • Tiere in der Therapie • Hundebesitzer und Katzenbesitzer • Meinungen ausdrücken, zustimmen, widersprechen
Grammatik	• Wiederholung der Zeiten: einfache Vergangenheit, *present perfect*, *present perfect* mit *for* und *since*
Materialien	• Aufgabe 08: Kopiervorlage 2.1, eine Kopie pro Teilnehmer • Aufgabe 11: Kopiervorlage 2.2, ausschneiden • Ideenpool: Karteikarten

Picture

1. Lesen Sie die Unit-Überschrift vor und bitten Sie die Teilnehmer, sich die Fotos anzuschauen. Fragen Sie *Can you name any of the animals in the photos?*
2. Nutzen Sie das Thema Tiere für einen Teamwettbewerb. Die Teilnehmer sammeln dazu in drei Minuten für möglichst viele Buchstaben des Alphabets einen Tiernamen. Geben Sie das Startzeichen.
3. Beenden Sie den Wettbewerb nach drei Minuten. Die Teilnehmer lesen reihum ihre Ergebnisse vor. Übernehmen Sie die Nennungen an die Tafel. Das Team mit den meisten Nennungen hat gewonnen.

Lösungsbeispiel

A – albatross; B – bird; C – cat; D – dog; E – elephant; F – fish; G – giraffe; H – hamster; I – insect; J – jaguar; K – kangaroo; L – lion; M – mouse; N – nightingale; O – otter; P – parrot; Q – quail; R – rhinoceros; S – snake; T – tiger; U – umbrella bird; V – vulture; W – wolf; X – Y – Yorkshire terrier; Z – zebra

 01   **Warm up**

1. Lesen Sie die Anweisung in der Randspalte vor.
2. Bitten Sie einen Teilnehmer, die ersten Fragen und Sprechblasentexte in der Aufgabe vorzulesen. Klären Sie Verständnisfragen. Lesen Sie die Wörter in der *Useful Language Box* vor.

3. In einer Gruppe mit weniger als fünf Personen können Sie die Fragen in der Gesamtgruppe diskutieren. In einer Gruppe ab sechs Personen tauschen sich die Teilnehmer mit einem Nachbarn aus und berichten der Gruppe über sich.
4. Bitten Sie einen Teilnehmer, die Fragen und die Sprechblasentexte im zweiten Teil der Aufgabe vorzulesen. Klären Sie Verständnisfragen.
5. Geben Sie den Teilnehmern Zeit, sich mögliche Antworten auf die Fragen zu überlegen und sich wenn nötig Notiz zu machen.
6. Ein erster Teilnehmer beantwortet die Fragen. Fragen Sie die Gesamtgruppe *What do you think? Do you agree?* Gibt es einen Grund für das Zusammenleben mit Haustieren, auf den sich alle einigen können?

02 Dialogue

05

1. Die Teilnehmer schauen sich das Foto in der Aufgabe an. Fragen Sie z. B. *What does the photo show? Do you think the dog enjoys it?*
2. Lesen Sie die Anweisung in der Randspalte vor. Beantworten Sie Verständnisfragen. Erklären Sie, dass die Teilnehmer den Dialog jetzt einmal hören werden und den Text dabei mitlesen können. Leistungsstarke Teilnehmer können den Text hören ohne mitzulesen.
3. Spielen Sie die CD einmal ab. Fragen Sie, wer die Antwort auf die Frage findet.
4. Bestätigen Sie die richtige Lösung. Erläutern Sie, dass Sie die CD ein zweites Mal abspielen werden, wobei die Teilnehmer „Stopp" rufen, wenn der Text die Lösung nennt. Spielen Sie die CD ein zweites Mal ab.

Lösung

reading

5. Neu sind u. a. die Ausdrücke *to be around*, und *what's in it for…?* Weisen Sie erneut auf die Stellen im Text hin und bitten Sie die Teilnehmer, die Ausdrücke durch Wörter mit ähnlicher Bedeutung zu ersetzen, z. B. *to be around* durch *to exist* und *what's in it for …* durch *what's the advantage for …*

Hinweis

– Eine fortgeschrittene Gruppe kann den Dialog auch bei geschlossenen Büchern hören. Übernehmen Sie in diesem Fall die Fragestellung aus der Randspalte an die Tafel.

03 Talk about the text

1. Geben Sie den Teilnehmern Zeit, die Fragen durchzulesen und Verständnisfragen zu stellen.
2. Bitten Sie einen Teilnehmer, seine Antwort auf die erste Frage zu nennen. Geben Sie der Gruppe Zeit, dies zu kommentieren, bevor Sie es selbst tun. Bei Unklarheiten bitten Sie die Teilnehmer, die Stellen im Text anzuzeigen, die Informationen zur Beantwortung der jeweiligen Fragen enthalten.
3. Verfahren Sie ebenso mit den Fragen 2–4.

Lösung

1 R.E.A.D. stands for Reading Education Assistance Dogs. It began in the 1990s in Salt Lake City and is a programme to help slow readers. The dogs listen to the readers.; 2 Ben listened to Tammy. He didn't laugh at her or correct her.; 3 She told him about the pictures in the book.; 4 Because he likes to please people and he'll like extra patting and biscuits.

04 Now you

1. Erläutern Sie, dass es hier darum geht, die Fragen ähnlich den Texten in den Sprechblasen zu beantworten. Beantworten Sie Verständnisfragen.
2. Bitten Sie die Teilnehmer, die Fragen mit einem Nachbarn oder in Dreiergruppen zu besprechen.
3. Laden Sie einen ersten Teilnehmer ein, die erste Frage zu beantworten. Fragen Sie anschließend die Gruppe *What do you think? Any other ideas?*
4. Verfahren Sie so, bis alle Fragen diskutiert wurden.

Hinweis

– Für die Beantwortung der Frage 3 können die folgenden Vokabeln hilfreich sein: Wachhund – *watchdog*; Blindenhund – *guide dog* ; Polizeihund – *police dog*; Hütehund/Schäferhund – *sheepdog*; Lawinensuchhund – *avalanche rescue dog*

05 LANGUAGE

▶ Grammatikseite 137

simple past	present perfect
learned	has learned
Signalwords:	Signalwords:
last year	already
when?	never
	now

1. Bitten Sie fünf Teilnehmer, die Sätze/Fragen im ersten Teil der *Language Box* vorzulesen. Klären Sie Verständnisfragen. Fragen Sie *Which sentences are in the simple past and which are in the present perfect?* Die Teilnehmer können die Zeitennamen neben den Absätzen in der *Language Box* notieren.
2. Übernehmen Sie die Überschriften aus der Randspalte an die Tafel. Fragen Sie, ob einige Teilnehmer Regeln für die Anwendung der beiden Zeitenformen an der Tafel erinnern. Sammeln Sie Anregungen auf Zuruf.
3. Verweisen Sie bei den ersten drei Sätzen auf die kursiv gesetzten Signalwörter und übernehmen Sie diese an die Tafel.
4. Fragen Sie die Teilnehmer *Can you add more signal words?* Übernehmen Sie mögliche Nennungen an die Tafel.
5. Verweisen Sie auf den ersten Beispielsatz und fordern Sie die Teilnehmer auf, ein Beispiel zu bilden, das für sie wahr ist. Üben Sie die Zeitform, indem Sie z. B. sagen *I first learned how to ride a bike when I was six.* Bitten Sie einen Teilnehmer, einen weiteren Beispielsatz zu bilden.
6. Verweisen Sie auf das Signalwort *never* in dem Satz in der *Language Box*. Bilden Sie auch hier ein Beispiel, das für Sie wahr ist, z. B. *I have never learned to ride a motorbike.* Ein anderer Teilnehmer bildet ein paralleles Beispiel.
7. Bitten Sie einen Teilnehmer, den *Question + answer*-Abschnitt in der *Language Box* vorzulesen. Die Teilnehmer benennen die Zeitformen. Erklären Sie, dass die Frage, ob etwas jemals passiert, im *present perfect* steht, die Antwort, wann etwas passiert ist, dann im *simple past*.
8. Laden Sie die Teilnehmer ein, weitere Beispiele für beide Zeitformen im Text 02 mit den dazugehörigen Signalwörtern zu unterstreichen und zu nennen.
9. Ziehen Sie zur Vertiefung die Grammatikerläuterungen auf Seite 137 zu Rate.

Hinweis

– Das *present perfect* wurde in Easy English B1.1 in Unit 6 eingeführt.

06 Practice

1. Die Teilnehmer machen sich mit der Aufgabenstellung vertraut.
2. Die Teilnehmer lösen den ersten Teil der Aufgabe für sich.
3. Bitten Sie die Teilnehmer anschließend, ihre Lösung in Sitzreihenfolge vorzulesen. Bestätigen Sie die richtigen Lösungen. Bei falschen Lösungen geben Sie der Gruppe die Gelegenheit, eine Alternative anzubieten.

Lösung

1 When did the trainer come to the school?; 2 What did the little girl read yesterday?; 3 How much did you pay for that coat?; 4 How long did the journey take?; 5 Who did your friend meet last night?; 6 Where did you go on holiday last year?

4. Beginnen Sie mit dem zweiten Teil erst, wenn alle Fragen korrekt formuliert wurden. Bitten Sie einige Teilnehmer, die Aussagen im zweiten Teil vorzulesen. Klären Sie Verständnisfragen.
5. Die Teilnehmer lösen anschließend den zweiten Teil. Dazu können sie sich mit einem Nachbarn besprechen.
6. Abschließend können jeweils zwei Teilnehmer eine Frage und die dazugehörige Antwort vorlesen. Geben Sie der Gruppe Zeit, die Lösung zu kommentieren, bevor Sie dies selbst tun.

Lösung

1 D; 2 F; 3 E; 4 C; 5 A; 6 B

Hinweise

– Bei Unsicherheiten in der Bildung von Fragen im *simple past* mit *did* verweisen Sie auf das Beispiel in Satz 3 in der *Language Box*.
– Die Frage 6 eignet sich gut für eine kurze Fragerunde mit Antworten im *simple past*.

07 Practice

1. Die Teilnehmer lesen die Aufgabenstellung.
2. Ein Teilnehmer liest den ersten Beispielsatz vor. Klären Sie Verständnisfragen.
3. Die Teilnehmer lösen die Aufgabe, wobei sie sich mit einem Nachbarn besprechen können.
4. Abschließend lesen die Teilnehmer ihre Lösungen vor, wobei der jeweilige Vorleser zur Abwechslung die Person ansprechen kann, die dann mit dem jeweils nächsten Satz fortfährt.

Lösung

2 hasn't improved; 3 has already arranged; 4 has just called; 5 haven't spoken; 6 haven't asked

Hinweis

– Die Form *have had* führt öfter zu Verwirrungen. Erläutern Sie bei Bedarf die Bildung mit einem einfachen Beispiel an der Tafel. Schreiben Sie z. B. *speak* an. Die Teilnehmer nennen die *present perfect*-Form: *have spoken*. Übernehmen Sie dies an die Tafel, schreiben Sie darunter *have* und verfahren Sie wie zuvor. Betonen Sie die analoge Formenbildung. Hier kann auch die deutsche Entsprechung „Ich **habe** einen stressigen Tag **gehabt**." helfen.

08 Practice

1. Erläutern Sie, dass es in dieser Aufgabe darum geht, zwischen Formen im *simple past* oder im *present perfect* zu entscheiden. Die Teilnehmer können sich dazu bei Bedarf nochmals die Grammatikerläuterungen auf Seite 137 anschauen. Erinnern Sie gegebenenfalls daran, dass das *simple past* zumeist erklärt, **wann** etwas in der Vergangenheit geschehen ist, das *present perfect* dagegen, **dass** etwas geschehen ist.

2. Ein Teilnehmer liest den ersten Beispielsatz mit der richtigen Lösung vor. Fragen Sie nach: *Why is this form the correct one?* Verweisen Sie, sofern die Teilnehmer dies nicht tun, auf *when* als Signalwort.

3. Die Teilnehmer lösen anschließend die Sätze 2–6 jeder für sich.

4. Wenn alle Teilnehmer ihre Wahl getroffen haben, können sie ihre Lösungen mit einem Nachbarn vergleichen.

5. Die Teilnehmer lesen abschließend ihre Lösungen in Sitzreihenfolge vor. Fragen Sie die Teilnehmer jeweils *Can you see a signal word in this sentence?* Korrigieren Sie wo notwendig.

Lösung

2 took; 3 hasn't arrived; 4 did you buy; 5 worked; 6 went out

Erweiterung

2.1

6. Geben Sie jedem Teilnehmer eine Kopiervorlage 2.1.

7. Fordern Sie alle Teilnehmer auf, den Raum und die Gruppe genau anzuschauen und sich Details zu merken. Anschließend verlässt eine Hälfte der Teilnehmer den Raum.

8. Die verbleibenden Teilnehmer nehmen zwischen drei und fünf deutliche Veränderungen an sich und dem Raum vor.

9. Rufen Sie die fehlenden Teilnehmer wieder in den Raum. Geben Sie der Gruppe drei Minuten Zeit, sich auf der Kopiervorlage zu notieren, was sich geändert hat. Anschließend nennen sie die Veränderungen, z. B. *You have closed the window.* Die andere Gruppe bestätigt oder verneint.

10. Nachdem alle Veränderungen gefunden wurden, verfahren Sie ebenso mit der zweiten Hälfte der Gruppe.

09 Now you

1. Bearbeiten Sie diese Aufgabe in drei Schritten. Bitten Sie im ersten Schritt einen Teilnehmer, die Begriffe im Kasten vorzulesen. Stellen Sie sicher, dass die Teilnehmer alle Ausdrücke verstehen.

2. Bitten Sie anschließend zwei Teilnehmer, die Frage- und Antwort-Sprechblasen vorzulesen. Übernehmen Sie dieses Bild zur Unterstützung an die Tafel:

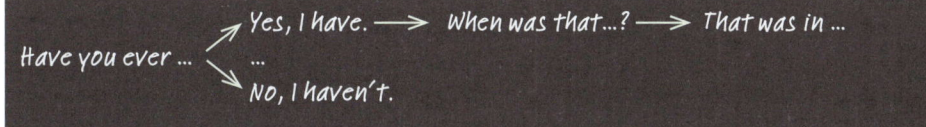

Erläutern Sie bei Bedarf nochmals die Anwendung des *past simple* und des *present perfect*, z. B. indem Sie auf die *Language Box* oder die Grammatikerläuterungen auf Seite 137 zurückgreifen.

3. Im zweiten Schritt geben Sie den Teilnehmern Zeit, sich mit Hilfe der Begriffe aus dem Kasten oder auch eigenen Ideen Beispielfragen zu notieren. Helfen Sie bei Wortnachfragen. Jeder Teilnehmer sollte sich mindestens drei Fragen notieren.

4. Im dritten Schritt suchen sich die Teilnehmer einen Partner im Raum und befragen sich wechselseitig. Gehen Sie herum und unterstützen Sie wo nötig.

5. Machen Sie eine Abschlussrunde, in der Sie z. B. fragen *Has anybody asked a question that does not use the information in the box?* Übernehmen Sie diese Fragen an die Tafel und bitten Sie die Teilnehmer zu antworten. Wenn kein Teilnehmer eine eigene Idee hatte, fragen Sie *What is the most exciting or interesting thing you have heard about your partner?* Die Teilnehmer berichten über ihre Gesprächspartner.

10 LANGUAGE

▶ Grammatikseite 139

1. Da es für das deutsche ‚seit' die zwei englischen Entsprechungen *since* und *for* mit unterschiedlicher Bedeutung gibt, bitten Sie einen Teilnehmer, die Sätze in der *Language Box* vorzulesen.
2. Fragen Sie nach eventuellem Vorwissen der Teilnehmer: *Do you know the difference between 'since' and 'for'?* Bestätigen Sie richtige Nennungen.
3. Übernehmen Sie zur Vertiefung folgendes Bild an die Tafel:

for + (period of) time	How long?
since + starting point	Since when?

Bitten Sie die Teilnehmer, die Zeitangaben aus den Sätzen der *Language Box* dort einzutragen. Ihr Tafelbild sieht dann so aus:

for + (period of) time	How long?	for four years
since + starting point	Since when?	since last year

4. Übernehmen Sie **I've had my ... since/for...** an die Tafel. Bitten Sie alle Teilnehmer, sich damit jeweils einen Satz zu überlegen. Beginnen Sie mit einem Satz, der auf Sie selbst zutrifft und bitten Sie dann einen Teilnehmer, seinen Satz vorzustellen und so weiter. Unterstützen Sie wo nötig.

Hinweise

– Das *present perfect* mit *for* und *since* wurde in Easy English B1.1 in Unit 6 eingeführt.
– Achtung: Deutsche Lernende neigen dazu, das *simple present* in Sätze mit *since* anzuwenden, wenn sie Tatsachen beschreiben; z. B. I'~~m~~ have been married since 2002. = Ich bin seit 2002 verheiratet.

11 Practice

1. Lesen Sie die Anweisung in der Randspalte vor.
2. Die Teilnehmer lösen die Aufgabe mit einem Partner.
3. Wenn alle Lücken gefüllt wurden, bitten Sie eine erste Zweiergruppe, ihre Lösung vorzulesen. Geben Sie den anderen Teilnehmern Zeit, die Lösung zu kommentieren und gegebenenfalls Alternativen vorzuschlagen. Bestätigen Sie die richtige Lösung.

Lösung

1 has worked / for; 2 haven't read / since; 3 has been / for; 4 have lived / for; 5 haven't eaten / since; 6 haven't had / since

Erweiterung

2.2

4. Schneiden Sie die Karten auf der Kopiervorlage 2.2 aus. Wenn Sie mehr als 12 Teilnehmer haben, kopieren Sie die Vorlage mehrmals und produzieren Sie so viele Karten wie nötig.
5. Jeder Teilnehmer zieht eine Karte. Bitten Sie die Teilnehmer, die Zeitangaben mit *for* oder *since* zu ergänzen.
6. Gleichen Sie die Richtigkeit durch Vorlesen der Reihe nach ab. Unterstützen Sie wo nötig.
7. Sammeln Sie die Karten ein und mischen Sie sie. Jeder Teilnehmer zieht erneut eine Karte. Bitten Sie die Teilnehmer, sich für ihre Karte einen Satz auszudenken, der für einen anderen Teilnehmer zutreffen könnte.
8. Ein Teilnehmer beginnt mit einem ersten Satz, z. B. *I started learning English in 2002. (Günther), is this true for you?* Das angesprochene Kursmitglied bestätigt oder verneint. Verfahren Sie so, bis alle Teilnehmer ihre Sätze vorgestellt haben.

Hinweis	– Bei einer lernschwächeren Gruppe ziehen Sie nochmals die *Language Box* 10 auf Seite 24 zu Rate.

12 Wordpower

1. Schreiben Sie **abbreviations** an und erklären Sie bei Bedarf *An abbreviation is a short form of a word.* VW *is an abbreviation for* Volkswagen. Lesen Sie anschließend die Anweisung in der Randspalte vor.
2. Gehen Sie in zwei Schritten vor. Weisen Sie darauf hin, dass im Englischen viele Abkürzungen in einzelnen Buchstaben ausgesprochen werden. Bitten Sie daher die Teilnehmer *Can you spell the abbreviations in 1 to 8?* Schreiben Sie an der Tafel das mit, was die Teilnehmer tatsächlich buchstabieren, und geben Sie ihnen Zeit, eventuelle Fehler zu korrigieren.
3. Anschließend ordnen die Teilnehmer die Abkürzungen den Ausdrücken 1–8 zu, wobei sie sich mit einem Nachbarn besprechen können.
4. Fragen Sie dann einen Teilnehmer: *(Stefan), what does ASAP stand for?* Der Teilnehmer beantwortet die Fragen und fragt mit der nächsten Abkürzung einen anderen Teilnehmer seiner Wahl. Verfahren Sie so, bis alle Abkürzungen zugeordnet wurden.

Lösung

1 E; 2 G; 3 H; 4 B; 5 C; 6 D; 7 A; 8 F

5. Die Teilnehmer machen sich mit dem zweiten Teil der Aufgabe vertraut. Weisen Sie darauf hin, dass die Teilnehmer in den Sätzen 7 und 8 ihrer Fantasie freien Lauf lassen können.
6. Die Teilnehmer lesen die Sätze durch, stellen Vokabelfragen und tragen die Abkürzungen ein.
7. Die Teilnehmer lesen dann die Sätze 1–6 in Sitzreihenfolge vor. Bestätigen Sie die richtigen Lösungen.
8. Fragen Sie anschließend *So, which abbreviations are left?* Beginnen Sie mit der ersten Abkürzung und bitten Sie die Teilnehmer, ihre Sätze vorzulesen. Verfahren Sie ebenso mit den Sätzen zu der zweiten Abkürzung
9. Prämieren Sie einen besonders gelungenen Satz für jede Kategorie.

Lösung

1 ID; 2 ASAP; 3 VIP; 4 DOB; 5 FAQs; 6 DIY

13 Listening

06

1. Erklären Sie, dass die Teilnehmer einen Radiobeitrag über Haustiere und ihre Halter in den USA hören werden. Bitten Sie einen Teilnehmer, die Anweisung in der Randspalte vorzulesen.
2. Die Teilnehmer lesen die ersten drei Überschriftsoptionen zu dem Text. Spielen Sie die CD einmal ab. Die Teilnehmer kreuzen beim Zuhören die richtige Antwort an.
3. Fragen Sie nach dem ersten Hören nach den ersten Eindrücken: *What was the text about? What do you remember?*

Lösung

What your pet says about you

4. Lesen Sie den zweiten Teil der Aufgabe vor und klären Sie Verständnisfragen.
5. Spielen Sie die CD ein zweites Mal ab. Geben Sie Zeit, Antworten zu notieren. Dazu können die Teilnehmer sich mit einem Nachbarn absprechen.
6. Lesen Sie die erste Frage erneut vor. Bitten Sie einen Teilnehmer, diese Frage zu beantworten. Geben Sie der Gruppe Gelegenheit, diese zu kommentieren, bevor Sie dies selbst tun.
7. Verfahren Sie ebenso mit den Fragen 2 und 3.

Lösung

1 Older people.; 2 Children can take dogs out for walks or to play; people have happy memories of the dog they had in their childhood and would like the same for their own children.; 3 Creative, shy and untidy.

Transcript

06

Do you have a pet? Here in the US, over half of us have one. Dogs are the most popular – over one third of US homes have a dog. But cats are popular too, with at least one cat in 30 percent of homes.

How do people choose what pet to have? There are some obvious reasons why you prefer some animals to others. Things like how old you are and where you live must play a role. Single people or older people usually find cats easier to look after. Families with young children often have dogs that the kids can take for walks or play with in the backyard.

If you live in the suburbs or in the countryside, you might have a bigger dog than if you live in an apartment, where a smaller dog or a cat is less trouble. We often choose the animals we had when we were children. A certain type of dog – or cat – might remind you of your childhood and bring back happy memories, which you would like for your own children.

But do our pets say something about who we are? Research from a Texas university has shown that there are differences between cat people and dog people. People who are extroverted, friendly and hard-working would probably say they prefer dogs. Cat lovers, on the other hand, are more creative, but they are shy and very untidy. Dog owners are normally larks and get up earlier than cat owners, who are night owls and hate getting up early.

And could it be true that pet owners even look like their pets? Some kinds of dogs have a very bad reputation, but do most pit bulls and rottweilers belong to large aggressive men? Do pretty white poodles or miniature schnauzers usually belong to little old ladies with white hair? Of course, these might be stereotypes, and not true at all. You can do your own research into this – just keep your eyes open next time you're walking in the park, and see what you think.

After all, they say that men often marry women who look like their mothers, so maybe the pet you choose says something about you too!

14 Now you

1. Die Teilnehmer machen sich mit der Aufgabenstellung vertraut. Klären Sie Verständnisfragen.
2. Zweier- oder Dreiergruppen diskutieren die Fragen 1–3 untereinander. Gehen Sie herum und unterstützen Sie wo nötig.
3. Beenden Sie die Diskussionen, wenn alle Gruppen signalisieren, dass die Fragen beantwortet sind. Eine erste Gruppe beantwortet Frage 1. Fragen Sie die anderen Gruppen: *What do you think? Do you agree or disagree?* Verfahren Sie ebenso mit den Fragen 2 und 3.

4. Lesen Sie die Aussage 4 vor und vervollständigen Sie den Satz, so dass er für Sie wahr ist. Geben Sie den Teilnehmern Zeit, sich Notizen zu machen. Sprechen Sie dann einen Teilnehmer an, der seine Vervollständigung vorliest und seinerseits ein anderes Kursmitglied anspricht. Verfahren Sie so, bis alle Teilnehmer einmal vorgelesen haben.

15 Round up

1. Lesen Sie die Anweisung in der Randspalte vor. Ein erster Teilnehmer liest die ersten Fragen und die Begriffe in dem Kasten vor. Klären Sie Verständnisfragen.
2. Die Teilnehmer suchen sich einen Partner im Raum und tragen ihre Notizen ein. Gehen Sie herum und unterstützen Sie wo nötig.
3. Im zweiten Teil der Aufgabe diskutieren die Zweiergruppen ihre Meinungen in der Gruppe. Lesen Sie vorbereitend für den zweiten Teil die Redemittel in der *Useful Language Box* vor. Fragen Sie nach *Do you know any other ways to agree or disagree?* Sammeln Sie weitere Redemittel, die die Teilnehmer auch neben der *Useful Language Box* notieren.
4. Die Zweiergruppen lesen die Texte in den Sprechblasen durch und diskutieren ihre Meinungen innerhalb der Gruppe.
5. Fragen Sie abschließend *Can we agree on some rules?*

Ideenpool

▸▸ **Aufgabe 14**

1. Schreiben Sie den Satz 4 der Aufgabe 14 auf Kärtchen. Bereiten Sie jeweils eine Karte pro Teilnehmer vor.
2. Teilen Sie die Karten aus und bitten Sie die Teilnehmer, den Satz zu vervollständigen.
3. Sammeln Sie die vervollständigten Karten wieder ein, mischen Sie sie und bitten Sie je einen Teilnehmer, eine Karte zu ziehen und den Satz vorzulesen. Berichtigen Sie wesentliche Fehler.
4. Fragen Sie *Who do you think wrote this sentence? And why?* Die Teilnehmer versuchen auf Grund der Sätze das Kursmitglied zu erraten.

Hausaufgaben

Extra Practice Reminder:

☐ p._____ No. _____ _____ _____

☐ p._____ No. _____ _____ _____

☐ p._____ No. _____ _____ _____

☐ _____

☐ _____

Lernziele

Über Sehenswürdigkeiten berichten; Redewendungen kennenlernen

1. Dies ist das erste Video im Buch. Erklären Sie, dass die Teilnehmer mit der Stadtführerin Ella einige berühmte Sehenswürdigkeiten Londons erkunden werden. Fragen Sie als Einstieg in das Thema z. B. *When you think of London which sights come to your mind?* Übernehmen Sie die Nennungen an die Tafel und belassen Sie diese dort. Häufige Nennungen sind vermutlich *Buckingham Palace, Madame Tussaud, Big Ben, Westminster, The London Eye*.

2. Schreiben Sie vor Beginn des Videos an: *How many places do you recognize?* Gleich zu Beginn des Videos wird Ella dieselbe Frage stellen: *I wonder how many places you'll recognize* (00:16). Geben Sie den Teilnehmern die Aufgabe, möglichst viele Sehenswürdigkeiten aus dem Film zu sammeln und dabei darauf zu achten, ob die an der Tafel genannten dabei sind. Spielen Sie das Video (Film 1) einmal ab.

3. Sammeln Sie anschließend erste Eindrücke. Was konnten die Teilnehmer schon verstehen? Sammeln Sie dann die Sehenswürdigkeiten, die die Teilnehmer erkannt haben, auf Zuruf an der Tafel. Bei Unklarheiten können die Teilnehmer die Namen mit dem Transcript auf Seite 158 abgleichen. Ihr Tafelbild könnte abschließend so aussehen wie in der Randspalte.

4. Ella verwendet in dem Video drei Redewendungen: 01:08 *Let's get down to earth*; 01:50 *It's like Picadilly Circus*; 01:52 *No kidding*. Übernehmen Sie diese an die Tafel. Spielen Sie das Video bei Bedarf nochmals von 01:06 bis 01:52 ab. Fragen Sie *What do you think these phrases/expressions mean? Can you explain them?* Sammeln Sie Umschreibungen im Gruppengespräch.

> Buckingham Palace,
> Madame Tussaud
> Big Ben
> Westminster
> The London Eye
> The Shard
> Piccadilly Circus
> Trafalgar Square
> National Gallery
> Admiralty Arch

Beispiellösung

> *Let's get down to earth = Let's be pragmatic, Let's talk facts; It's like Picadilly Circus = It's very busy and crowded; No kidding = I'm serious. This is no joke.*

5. Bilden Sie vor der zweiten Sichtung des Videos fünf Gruppen, die nicht gleich groß sein müssen. Geben Sie jeder Gruppe die Aufgabe, so viele Informationen wie möglich aus dem Video in kurzen Notizen zu sammeln. Spielen Sie anschließend das Video erneut ab.

6. Bitten Sie jede Gruppe, ihre Informationen zu sortieren und dann „ihre" Sehenswürdigkeit den anderen Gruppen zu präsentieren. Anschließend berichten sich die Gruppen gegenseitig nacheinander.

7. Spielen Sie, sofern Ihnen dies notwendig erscheint, zum Abgleich der gesammelten Informationen das Video ein drittes Mal ab.

8. Nutzen Sie das Video für eine Erweiterung. Bei 02:48 erzählt Ella von einer *hop-on hop-off bus tour*. Fragen Sie *If you had such a tour in your town, where would your hop-on hop-off bus go?* Planen Sie im Plenum eine solche Tour für ihre Stadt. Was sollte eine Stadtführerin erzählen? Können die Teilnehmer eine gemeinsame Tour mit drei bis fünf Sehenswürdigkeiten entwickeln?

Hinweise

– Auf Seite 130 finden Sie die *Video Exercises*, die eigenständig während der Stunde oder zu Hause gelöst werden können. (*Lösung 1 C; 2 B; 3 C; 4 B; 5 A; 6 C*)
– Die Extra-Fragen sind weitere Diskussionsangebote, die die Teilnehmer entweder in der Gesamtgruppe oder in Gruppen- oder Partnerarbeiten nutzen können.

On the road

Lernziele
- Umwelt und Verkehr
- Autofahren
- Pendeln
- Eine Geschichte erzählen

Grammatik
- *Present perfect progressive*

Materialien
- Aufgabe 06: Kopiervorlage 3.1, eine Kopie pro Teilnehmer
- Aufgabe 09: Kopiervorlage 3.2, eine Kopie pro Teilnehmer
- Ideenpool: Tafel, Flipchart o. Ä.

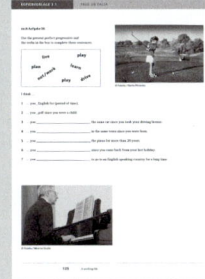 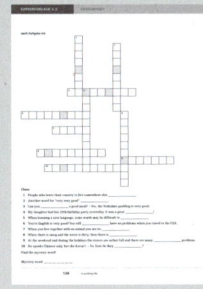

Picture

1. Bitten Sie die Teilnehmer, sich die Fotos auf Seite 30 anzuschauen. Fragen Sie *Do these situations seem familiar to you? Have you ever seen something like this when driving? If these pictures had speech bubbles, what would you write into them?*
2. Besprechen Sie dies in der Gruppe.

---

01 Warm up

women	men

1. Die Teilnehmer lesen die Anweisung in der Randspalte und machen sich mit den Fragestellungen vertraut.
2. Klären Sie Verständnisfragen, z. B. zum neuen Ausdruck *get angry with somebody*.
3. Die Fragen lassen sich auf unterschiedliche Weise besprechen. Nutzen Sie die erste Frage für eine Fragerunde, in der jeweils ein Teilnehmer einen anderen in der Gruppe befragt, der dann der Gruppe antwortet.
4. Frage 2 lässt sich gut mit einem Brainstorming mit einem einfachen Tafelbild diskutieren. Nutzen Sie das Tafelbild, um mit den Teilnehmern zu brainstormen, welche Fehler für Männer oder Frauen im Straßenverkehr als typisch gesehen werden. Tragen Sie die Nennungen als Notizen in dem Tafelbild ein. Wie sieht die Bilanz am Ende aus? Gibt es ein eindeutiges Urteil?
5. Für die Frage 3 bitten Sie zwei Teilnehmer, die Texte in den Sprechblasen als Dialog vorzulesen. Neu ist dabei das Wort *carefully*, dass die Teilnehmer zuerst aus dem Zusammenhang heraus erschließen sollten, bevor Sie es erklären.
6. Die Teilnehmer können die Fragen mit einem Partner diskutieren.

Erweiterung

7. Gibt es wichtige Tipps oder Hinweise, die die *car drivers* den *passengers* geben könnten und umgekehrt? Sammeln Sie diese per Zuruf in diesem Tafelbild:

Car drivers should	Passengers should
–	–

Hinweis

– Im Englischen nennt man Menschen, die den Fahrstil anderer besserwisserisch kommentieren, auch *back-seat drivers*.

02 Text

08

1. Bitten Sie die Teilnehmer, sich das Foto in der Aufgabe anzuschauen und fragen Sie z. B. *Where and when do you think the people in this photo are driving? If there were speech bubbles above their heads, what would be written in them?*
2. Lesen Sie den Text in der Randspalte vor. Beantworten Sie Verständnisfragen. Erklären Sie, dass die Teilnehmer einen Bericht hören werden und den Text dabei mitlesen können.
3. Spielen Sie die CD einmal ab. Fragen Sie, wer die Antwort auf die Frage gefunden hat.
4. Bestätigen Sie die richtige Lösung. Erläutern Sie, dass Sie die CD ein zweites Mal abspielen werden, wobei die Teilnehmer „Stopp" rufen, wenn der Text die Lösung nennt. Spielen Sie die CD ein zweites Mal ab.

Lösung

Manila:
Traffic experts here thought they had found a solution to Manila's traffic problem …

Variante zu 2.

2. Die Teilnehmer lesen den Text zuerst jeder für sich durch, bevor sie ihn auf der CD hören.

Erweiterung

5. Zeichnen Sie das Wort *traffic* in einem Kreis in die Mitte der Tafel. Bitten Sie die Teilnehmer, neue Wörter zu suchen, die thematisch mit diesem Thema zu tun haben.
6. Die Teilnehmer tragen die Wörter in das Tafelbild ein, so dass sich eine Wortspinne ergibt. Ihr Tafelbild könnte am Ende so aussehen:

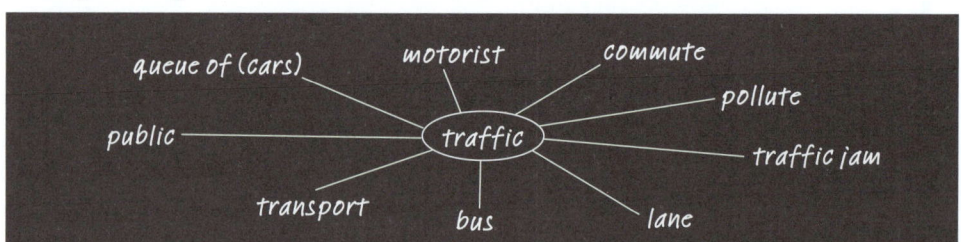

Hinweis

– Eine fortgeschrittene Gruppe kann den Text auch bei geschlossenen Büchern hören. Übernehmen Sie in diesem Fall die Fragestellung aus der Randspalte an die Tafel.

03 Talk about the text

1. Die Teilnehmer lesen die Fragen durch und stellen Verständnisfragen.
2. Anschließend machen sie sich zu den Fragen Notizen und besprechen sich gegebenenfalls mit einem Nachbarn.
3. Ein erster Teilnehmer nennt seine Antwort auf die erste Frage. Geben Sie der Gruppe Zeit, diese zu kommentieren, bevor Sie dies selbst tun. Bei Unklarheiten bitten Sie die Teilnehmer, die Stellen im Text anzuzeigen, die die Antworten auf die Fragen enthalten. Fragen Sie z. B. dazu: *Where in the text did you find this information?*
4. Verfahren Sie ebenso mit den Fragen 2–5.

Lösung

1 Because people have become richer and there are more jobs so more people travel by car.; 2 The buses run on diesel, which pollutes the air, and they break down. There are no bus lanes.; 3 On Fridays or when it has been raining.; 4 Use your car on a Friday.; 5 Some drivers use a second car.

Erweiterung

5. Nutzen Sie die Frage 5 für eine Erweiterung. Fragen Sie z. B. *Do you think the scheme in Manila would work in Germany? Would it be a good way to get rid of traffic jams and to help the environment?* Diskutieren Sie dies in der Gruppe.

04 Now you

1. Geben Sie den Teilnehmern Zeit, sich mit den Fragestellungen vertraut zu machen und sich gegebenenfalls mit einem Nachbarn zu besprechen.
2. Bitten Sie einen Teilnehmer, den Text in der Sprechblase laut vorzulesen. Laden Sie einen ersten Teilnehmer ein, die erste Frage zu beantworten. Geben Sie die Antwort an die Gruppe weiter *Has anybody else experienced something similar?*
3. Verfahren Sie so, bis alle Fragen diskutiert wurden.

Variante für 3.

3. Nutzen Sie die Frage 4 für eine Gruppenarbeit. Bilden Sie zwei Gruppen, die *drivers* und die *non-drivers*. Geben Sie beiden Gruppen ausreichend Zeit, z. B. acht Minuten, um jeweils fünf Gründe für ihr Team anzugeben.
4. Beenden Sie die Gruppenarbeit. Die Gruppen nennen abwechselnd ihre Gründe. Übernehmen Sie sie stichwortartig an die Tafel.
5. Welche Argumente haben die Gesamtgruppe abschließend am meisten überzeugt?

Erweiterung

4. Nutzen Sie die Frage 3 für eine Erweiterung. Fragen Sie *How many countries do you know where you have to drive on the left?* In u. a. den folgenden Ländern ist das Linksfahren Vorschrift: *Great Britain, Australia, New Zealand, South Africa, Cyprus, Malta, India, Indonesia, Japan, Thailand and the Philippines.* Sofern die Schreibweise unbekannt ist, übernehmen Sie die Namen an die Tafel.

Hinweise

– Für die Beantwortung der Frage 1 können die folgenden Vokabeln hilfreich sein: Kreuzung – *crossing / junction*; Baustelle – *road works*; Ampel – *traffic lights*
– Für die Antwort auf die Frage 3 können diese Wörter nützlich sein: Seitenspiegel – *side mirror*; Bordstein – *curb*; Fahrerseite – *driver's side*
– Für die Frage 4 können die folgenden Informationen nützlich sein: Während man in den meisten Ländern mit 18 fahren darf, ist dies in Kanada unter Aufsicht schon mit 16 erlaubt; in Großbritannien mit 17 und in den USA je nach Staat in Begleitung mit 14 bis 17 Jahren.

05 LANGUAGE

▶ Grammatikseite 138

have/has + been + -ing

I have been living in [town] for [number of years], since [month, year].

1. Bitten Sie einen Teilnehmer, die Sätze in der *Language Box* vorzulesen.
2. Übernehmen Sie das Bild aus der Randspalte an die Tafel. Erläutern Sie, dass mit dieser Form etwas ausgedrückt wird, dass in der Vergangenheit begonnen hat und immer noch aktiv andauert. Sie können dazu auch die Grammatikerläuterungen auf den Seiten 138–139 zu Hilfe ziehen.
3. Nutzen Sie den zweiten Satz für eine kurze Umfrage, um die Bildung der neuen Struktur zu üben. Beginnen Sie, indem Sie z. B. sagen *I've been driving for […] years. How about you (Klaus)? How long have you been driving?* Bestätigen Sie die richtige Formenbildung. Fragen Sie eine vollständige Runde ab.
4. Bitten Sie die Teilnehmer anschließend, alle Formen im *present perfect progressive* in Text 02 zu unterstreichen, und so das Wiedererkennen der Struktur zu vertiefen. Diese entsprechen denen in der *Language Box.*
5. Erläutern Sie abschließend, dass die kursiv gesetzten Zeitangaben in der *Language Box* typisch für *present perfect*-Formen, also auch für das *present perfect progressive* sind. Erweitern Sie Ihr Tafelbild zur Erläuterung z. B. wie in der Randspalte.
6. Fragen Sie zur Vertiefung einen Teilnehmer *How about you (Franz)? How long have you been living here?* Ermutigen Sie den Teilnehmer, *for* und *since* mit einzubeziehen. Erweitern Sie die Fragerunde, bis die Formenbildung sicher ist.

06 Practice

Lösung

Erweiterung

1. Die Teilnehmer lesen die Aufgabenstellung und das Lösungsbeispiel 1 und lösen anschließend die Aufgabe jeder für sich.
2. Bitten Sie die Teilnehmer anschließend, die Sätze in Sitzreihenfolge vorzulesen. Geben Sie der Gruppe Zeit, die Lösung zu kommentieren, bevor Sie die selbst tun.

2 has been raining; 3 has been driving; 4 have been playing; 5 has been sleeping; 6 has been working; 7 have been talking

3. Nutzen Sie Satz 2, um die unterschiedlichen Funktionen des *simple past, present progressive* und des *present perfect progressive* zu vertiefen.
4. Übernehmen Sie dazu das Bild an die Tafel:

> It's raining. The rain started two hours ago.
>
> The rain started　　　　It's raining
> 2 hours ago.　　　　　　now.
>
> It's been raining for two hours.

5. Übertragen Sie den Satz auf die Englischstunde. Ihr Tafelbild könnte dann so aussehen:

> The lesson started　　　We're learning
> 1 hour ago.　　　　　　now.
>
> We've been learning English for one hour.

Erweiterung

3.1

3. Verteilen Sie je eine Kopiervorlage 3.1 pro Teilnehmer und bilden Sie Zweier-gruppen. Erläutern Sie, dass es darum geht, Sätze mit dem *present perfect progressive* zu bilden und damit über einen Partner zu spekulieren.
4. Die Teilnehmer vervollständigen die Sätze und die Partner lesen diese dann abwechselnd vor. Der erste bejaht oder verneint die Aussagen und korrigiert sie.
5. Fragen Sie abschließend, welcher Teilnehmer besonders häufig richtig lag mit seinen Vermutungen.

Lösung der Kopiervorlage

1 have been learning; 2 have been playing; 3 have been driving; 4 have been living; 5 have been playing; 6 have not been working; 7 have been planning

07 Practice

1. Die Teilnehmer machen sich mit der Aufgabenstellung vertraut.
2. Ein Teilnehmer liest den ersten Beispielsatz vor. Klären Sie Verständnisfragen.
3. Die Teilnehmer lösen die Aufgabe jeder für sich, wobei sie sich mit einem Nachbarn besprechen können.
4. Abschließend lesen die Teilnehmer ihre Lösungen vor, wobei der jeweilige Vorleser zur Abwechslung die Person ansprechen kann, die dann mit dem jeweils nächsten Satz fortfährt. Unterstützen Sie wo nötig.

Lösung

2 How long has your brother been working as a taxi driver?; 3 Have the children been playing computer games all afternoon?; 4 Have you been watching TV all day?; 5 How long have you been learning English?; 6 How long has your teacher been teaching this class?

08 Now you

1. Die Teilnehmer machen sich mit der Aufgabenstellung vertraut und lesen die Tätigkeiten in der Tabelle durch. Neu ist hier das Wort *present*. Klären Sie Verständnisfragen.
2. Die Teilnehmer tragen zunächst die Anfangsdaten neben die Tätigkeiten in der Box ein.
3. Erläutern Sie, dass es in dieser Aufgabe darum geht, zu erzählen, wie lange man etwas schon macht. Bitten Sie jeweils zwei Teilnehmer, die Frage und Antwort in den Sprechblasen vorzulesen. Zur Erinnerung an die Verwendung von *since* und *for* können die Teilnehmer bei Bedarf nochmals die *Language Box* 10 in Unit 2 auf Seite 24 zu Rate ziehen.
4. Die Teilnehmer befragen sich anschließend mit einem Partner.
5. Fragen Sie abschließend *Who has been living at their present address / driving their car the longest?* Sammeln Sie Nennungen auf Zuruf.

Hinweis

– Achtung: aktuell = *present* und nicht ~~actual~~

09 Wordpower

1. Lesen Sie die Erläuterung in der Randspalte im Buch vor. Machen Sie das Prinzip der Nomenbildung an zwei bekannten Begriffen an der Tafel klar. Schreiben Sie z. B. *translate – translation*.
2. Lesen Sie dann die Wörter im Kasten laut vor. Neu sind hier die Begriffe *celebration* und *pollution*. Versuchen Sie auch hier, die Begriffe eher englisch zu umschreiben, statt zu übersetzen. Sagen Sie z. B. *Smog is a form of pollution.*
3. Ein Teilnehmer liest den ersten Satz vor. Fragen Sie in die Gruppe *Which is the verb in the sentence?* Bestätigen Sie die richtige Antwort, *solve.* Die Teilnehmer suchen daraufhin das passende Nomen in dem Kasten und vervollständigen den Satz. Bitten Sie einen Teilnehmer, den kompletten Satz vorzulesen.
4. Die Sätze 2–8 können die Teilnehmer für sich lösen, oder bei Bedarf mit einem Nachbarn besprechen.
5. Vergleichen Sie die Lösungen, indem einige Teilnehmer ihre Lösungen vorlesen. Helfen Sie bei Unklarheiten.

Lösung

1 pollution; 2 Emigration; 3 pronunciation; 4 recommendation; 5 celebration; 6 communication; 7 education

Erweiterung

3.2

6. Verteilen Sie je eine Kopiervorlage 3.2 pro Teilnehmer. Erklären Sie, dass die Teilnehmer alle Lösungswörter, die zum *Mystery word* führen, in Aufgabe 09 finden können.
7. Die Teilnehmer lösen das Kreuzworträtsel für sich oder bei Bedarf in Absprache mit einem Nachbarn.
8. Vergleichen Sie abschließend die Lösungen durch Vorlesen der Rätselvorgaben mit den Lösungen.

Lösung der Kopiervorlage

1 emigrate; 2 excellent; 3 recommend; 4 celebration; 5 pronounce; 6 definitely; 7 owner; 8 pollution; 9 traffic; 10 communicate
Mystery word: commuter

Hinweis

– Das Kreuzworträtsel eignet sich auch gut als Hausaufgabe.

10 Listening

09

1. Erläutern Sie, dass die Teilnehmer einen Ausschnitt aus einer Radiosendung hören werden. Schreiben Sie an die Tafel *Have your say* ... Fragen Sie *What do you think this means?*, bevor Sie den Ausdruck erläutern.
2. Laden Sie die Teilnehmer ein, zu spekulieren *What do you think a radio show called 'Have your say' may be about? Do you know something similar?*
3. Lesen Sie die Frage und Aufgabe in der Randspalte vor. Klären Sie Verständnisfragen.
4. Die Teilnehmer machen sich mit 1–3 und A–C vertraut.
5. Spielen Sie die CD einmal ab. Fragen Sie, ob jemand schon die Lösung gefunden hat, und sammeln Sie Nennungen auf Zuruf.

Lösung

1 B; 2 C; 3 A

6. Gehen Sie zum zweiten Teil der Aufgabe über und geben Sie den Teilnehmern Zeit, sich die Fragen 1–5 durchzulesen. Neu ist hier der Begriff *cycle lane*, der sich leicht als *part of a road for bikes* umschreiben lässt.
7. Spielen Sie die CD ein zweites Mal ab.
8. Die Teilnehmer können die Fragen mit einem Nachbarn bearbeiten und sich Notizen machen. Bitten Sie anschließend einen Teilnehmer, die erste Frage vorzulesen, und fragen Sie nach freiwilligen Antworten. Bei Unklarheiten bitten Sie die Teilnehmer, das Transkript auf Seite 148 zu Hilfe zu nehmen und die dementsprechende Textstelle zu benennen.
9. Spielen Sie die CD abschließend nochmals ab, damit die Teilnehmer ihre Antworten abgleichen können.

Lösung

1 On foot, by bike or on public transport.; 2 Better cycle lanes.; 3 Parents driving their children to school.; 4 They want to see and choose their food.; 5 He used to spend two or three hours a day commuting to work.

Hinweis

– Bei einer lernunsicheren Gruppe übernehmen Sie die Antworten auf die Fragen 1–5 an die Tafel.

Transcript

09

R = Reporter
D = Duncan
K = Katie
A = Andrew

R Today on 'Have your say' we're asking people to have their say about how they use – or don't use – their cars. We have in the studio today three people who have something to say. Our first guest is Duncan Ellis, a member of Sustrans, and for our listeners I'll read from the Sustrans website, if I may. So, Sustrans is an organization that helps us "to travel on foot, by bike or on public transport for more of the journeys we make every day …"
D That's right!
R "… so that people can choose healthier, cleaner and cheaper journeys and enjoy better, safer spaces to live in. We help people think about and change the travel choices they make." Welcome to the show Duncan and so … does that say it all?
D Well, yes. In the UK, we don't have the fantastic cycle lanes that other countries have, like the Netherlands for example. Not enough kids cycle to school here because the roads are dangerous – they don't walk to school either, for the same reason. Small local journeys like the school run cause some of the biggest problems, so our members have been going into schools and talking to parents. And I think the message is beginning to get through.
R Thanks Duncan. Now can we ask our next guest, supermarket manager Katie Ross, how she feels about cars on our roads. Katie …
K Well, in my opinion, you can't expect hard-working people with busy lives to do their weekly supermarket shopping on a bike. But for some years now, like all the other supermarkets, we have been offering internet shopping. You can send a food order and it is brought to your door the very next day. Now I know that many people are not happy ordering online, they prefer to choose their fruit, look carefully at their meat, before they buy it. That's absolutely fair enough, so we also run an hourly bus service into the store. And finally, we have an online forum for our car-sharing scheme. The way this works is, you post a notice saying where you live and when you like to shop. This links you with other car drivers in your neighbourhood who can then share the shopping trip with you. These are all ways of having fewer cars on the roads.

R Thanks, Katie. If you've just joined us, we are discussing what to do about today's traffic problems. Andrew Greaves is a homeworker. Andrew, what's your view?

A I think it's very difficult to stop people driving their own cars, and start sharing cars, using public transport or riding a bike. People love their cars. They love being free to go where they want, when they want. Car adverts are sexy and exciting, and that's what people want. But you know, almost a third of cars on our roads aren't taking kids to school or going to the supermarket … they're looking for somewhere to park! How crazy is that? I used to spend two or three hours a day commuting to work, and I felt like a prisoner in my car. I used to think 'I could be in the garden, I could be reading a book, I could be sleeping.' In the end, I gave up working in an office and now I work from home. It takes me thirty seconds to get to work, and I spend more time in the garden, I read more and I sleep more! I know it can't be the solution for everyone, but a lot more people could work from home if they really wanted to.

R Very interesting, thank you Andrew. And we've already had lots of calls, so let's take the first caller and it is …

---

11 Now you

1. Die Teilnehmer lesen die Fragen 1–4 und machen sich bei Bedarf Notizen dazu. Klären Sie Verständnisfragen.
2. Bei einer Gruppe mit bis zu fünf Personen lassen sich die Fragen gut in der Gruppe diskutieren und beantworten. Bitten Sie einen Teilnehmer, die jeweilige Frage vorzulesen, bevor Sie in die Beantwortung und Diskussion einsteigen.

Variante zu 2.

2. Bei einer Gruppe ab sechs Personen können Sie Zweier- oder Dreiergruppen bilden, die die Fragen vorerst im Gespräch bearbeiten, bevor sie ihre Gedanken vorstellen.

Hinweise

– Für die Frage 2 können die folgenden Begriffe nützlich sein: Markt – *farmer's market*; Bioladen – *organic shop* (BE), *natural foods store* (AE); Tante Emma Laden – *corner shop* (BE), *mom-and-pop store*, *convenience store*
– Bringen Sie zu bildlichen Unterstützung der Frage 3 zwei oder drei Autowerbungen mit. Unter den Suchbegriffen *best car ads* oder auch *best car commercials* lassen sich im Internet schnell aktuelle Beispiele finden.
– Für die Frage 4 können diese Begriffe helfen: Straßenbahn – *tram*; U-Bahn – *underground* (BE), subway (AE)

---

12 Round up

1. Erklären Sie, dass es in diesem *Round up* um spannende Reiseerlebnisse geht. Um die Lernenden darin zu unterstützen, über diese zu berichten, gehen Sie am besten in zwei Schritten vor.
2. Bitten Sie die Teilnehmer, jeder für sich im ersten Schritt die Wortspinne mit eigenen Ideen zu vervollständigen.
3. Erklären Sie, dass es im zweiten Schritt darum geht, eine eigene Geschichte zu erzählen. Dazu können die Satzanfänge und die Beispielgeschichte nützlich sein. Die Teilnehmer lesen die Satzanfänge für sich. Klären Sie Verständnisfragen.

4. Lesen Sie die Beispielgeschichte vor, um die Aussprache der neuen Begriffe *snow*, *headache*, *cancel* und *turn* sicherzustellen. Erklären Sie die Wörter nur auf Nachfrage, wenn die Teilnehmer diese nicht aus dem Zusammenhang heraus erschließen können.

5. Geben Sie den Teilnehmern Zeit, sich zu ihrem Reiseerlebnis Notizen zu machen. Anschließend suchen sich die Teilnehmer einen Partner im Raum und tauschen ihre Geschichten aus.

6. Fragen Sie abschließend *Who's heard a really funny or a really terrible story about travelling?* Die Teilnehmer mit einer besonders lustigen oder erschreckenden Geschichte berichten diese der ganzen Gruppe.

Hinweise

– Im Englischen werden viele Krankheiten im Gegensatz zum Deutschen mit einem Artikel beschrieben: *I have a headache; I have a fever* usw.
– Bei einer kleinen Gruppe mit bis zu vier Personen können die Teilnehmer ihre Geschichten auch jeweils zwei Partnern berichten.

Ideenpool

▸▸ **Aufgabe 08**

1. Schreiben Sie vier Datumsangaben an die Tafel, über die Sie etwas erzählen können, z. B. seit wann Sie Englisch unterrichten, wann Sie an Ihren derzeitigen Wohnort gezogen sind, wann Sie ein Haustier bekommen haben oder Ähnliches.

2. Bilden Sie Zweier- oder Dreiergruppen. Fragen Sie die Teilnehmer *These dates tell you something about me. What do you think happened in these years? What do you think I've been doing since then?* Geben Sie den Teilnehmern Zeit, in den Gruppen zu spekulieren.

3. Sammeln Sie anschließend die Ideen der Gruppen nacheinander, vorerst ohne zu bewerten. Geben Sie abschließend die Lösungen vor, indem Sie jedes Datum nochmals mit einer Aussage im *present perfect progressive* verbinden. Sagen z. B. *That's right. I moved to (Duisburg) in 1990. I've been living here for 25 years.*

Hinweis

– Bei einer weniger kreativen Gruppe übernehmen Sie einige Hinweise auf die Daten an die Tafel, z. B. *pet, the internet, do sports, town we live in* usw.

Hausaufgaben

Extra Practice Reminder:

☐ p._____   No. _____ _____ _____

☐ p._____   No. _____ _____ _____

☐ p._____   No. _____ _____ _____

☐ _____

☐ _____

Lernziele

Über öffentliche Verkehrsmittel sprechen; Nachtleben beschreiben

1. Der zweite Film nimmt das Unitthema *public transportation* auf. Erläutern Sie, dass die Teilnehmer dieses Mal mit der Stadtführerin Ella eine Tages- und eine Nachttour durch London machen. Übernehmen Sie die Frage aus der Randspalte an die Tafel.
2. Spielen Sie das Video (Film 2) einmal ab. Sammeln Sie erste Eindrücke: *What did you like best about the tour?* Fragen Sie dann, welche Transportmittel die Teilnehmer gesehen haben. Übernehmen Sie Nennungen an die Tafel.

> *Which means of transportation do you see in the video?*

Beispiellösung

> *red double-decker buses; cars; taxis; the Tube; the bus; bicycles; underground trains*

> *17 million, 300, 500. 45 hours, 1666, 3.5 million*

3. Übernehmen Sie das Bild in der Randspalte an die Tafel. Geben Sie den Teilnehmern die Aufgabe, auf diese Zahlen im Video zu achten und zu ermitteln, was sie benennen.
4. Spielen Sie das Video einmal ab und sammeln Sie anschließend die zu den Zahlen gehörigen Begriffe an der Tafel per Zuruf.

Beispiellösung

> *17 million visitors come to London every year.; 300 theatres and 500 cinemas; Londoners work a 45-hour week; 1666 – the Great Fire; 3.5 million passengers use the Tube every day*

5. Bei 01:03 wird der Begriff *congestion charge* erwähnt. Das Wort *congestion* kennen die Teilnehmer schon aus dem Text 02 auf Seite 31. Fragen Sie nach: *Can you describe what the congestion charge is? (It is the money you have to pay to be allowed to drive into the centre of London.)*
6. Bei 02:39 taucht der Begriff *Oyster card* auf. Fragen Sie hier nach: *What is an Oyster card? Do you have a similar ticket or travel card in your town? How would you advise a foreign visitor to get around?*
7. Von 03:04–05:56 zeigt das Video das Nachtleben von London. Zeigen Sie nochmals die Rickshaw-Tour von Ella. Spielen Sie dazu das Video erneut ab von 05:00–05:20. Erklären Sie: *You're sitting in the rickshaw with Ella. What can you see?* Geben Sie den Teilnehmern Zeit, sich Notizen zu machen, die sie einem Partner berichten.
8. Fragen Sie abschließend: *What is nightlife in your town like? Do you have any busy squares or theatres?* Können die Teilnehmer einen gemeinsamen Flyer schreiben: *Nightlife in (Bochum)?*

Background

03:21 *Miss Saigon*: Musical basierend auf Giacomo Puccinis Oper *Madame Butterfly*
03:46 *The Commitments*: Musical basierend auf dem gleichnamigen Roman von Roddy Doyle (*commitment* – Verpflichtung, Engagement)
04:17 *Les Miserables*: Musical basierend auf dem gleichnamigen Roman von Victor Hugo.

Hinweise

- Auf Seite 130–131 finden Sie die *Video Exercises*, die eigenständig während der Stunde oder zu Hause gelöst werden können. (Lösung *1 A; 2 C; 3 B; 4 A; 5 C; 6 B*)
- Die Extra-Fragen sind weitere Diskussionsangebote, die die Teilnehmer entweder in der Gesamtgruppe oder in Gruppen- oder Partnerarbeiten nutzen können.

Consolidation

4

Lernziele

- Wiederholen und Vertiefen der Lernziele aus Unit 1–3

Materialien

- Aufgabe 04: Kopiervorlage 4.1, ausschneiden

Picture

1. Die Teilnehmer schauen sich das Foto auf Seite 40 an. Fragen Sie z. B. *Do you think this is the office of the man into the photo? Is this the office of the future? Do you have any of the things he is working with? Could you imagine the same photo with a person 40 years older?*
2. Diskutieren Sie die Fragen in der Gruppe.

01 Warm up

1. Die Teilnehmer machen sich mit der Aufgabenstellung vertraut.
2. Übernehmen Sie das neue Wort *device* an die Tafel. Erklären Sie das Wort z. B. mit Hilfe Ihres Mobiltelefons.
3. Die Teilnehmer füllen die Wortspinne jeder für sich aus.
4. Lesen Sie die erste Frage vor. Übernehmen Sie die Nennungen der Teilnehmer an die Tafel. Gibt es ein Gerät, das alle Teilnehmer besitzen oder das nur ein Teilnehmer besitzt?
5. Die Teilnehmer können die Fragen 2–4 zuerst mit einem Nachbarn besprechen, bevor sie in der Gruppe diskutieren.

Erweiterung

6. Sofern Sie ältere Teilnehmer in der Gruppen haben, können Sie nachfragen: *Do you have any devices that used to be a lot simpler and easier-to-use 20 years ago? Can you programme your washing-machine or your coffee maker?* Diskutieren Sie in der Gruppe.

Hinweis

- Diese Wörter können für die Beantwortung von Frage 1 hilfreich sein: *tablet computer, laptop, cell phone / mobile phone, camcorder, mp3-player, satnav, smartwatch, DVD-player, notebook*

02 Text

10

1. Lesen Sie die Anweisung in der Randspalte im Buch vor. Spielen Sie die CD ab. Die Teilnehmer lesen dabei die Texte mit und markieren sie anschließend *positive* oder *negative*. Dabei können sie sich mit einem Nachbarn besprechen.
2. Vergleichen Sie die Markierung anschließend, indem Sie die Lösungen vorgeben. Fragen Sie bei abweichenden Meinungen nach *Why do you think this comment is positive/negative? Can you tell us the phrases in the text which gave you the answer?*

Lösung

> *2 P; 3 N; 4 P; 5 P; 6 N; 7 N; 8 P; 9 N*

3. In dem Text kommen viele neue Vokabeln vor. Klären Sie daher Verständnisfragen. Ungewöhnlich sind für die Teilnehmer sicherlich in Text 4 *find my way around* und in Text 9 T*hey're dumped on poor countries*. Zur Erklärung können Sie hier das Synonym *pass on to* verwenden.
4. Spielen Sie die CD nochmals ab. Die Teilnehmer können mit geschlossenen Büchern zuhören.

Erweiterung

5. Übernehmen Sie für ein weiteres Hören folgende Fragen an die Tafel:

> Who says that direct chats between people have become rare?
> Who says that using the internet can even be dangerous?

Die Teilnehmer hören die CD noch einmal bei geschlossenen Büchern und versuchen die Antworten herauszuhören.
6. Übernehmen Sie die richtigen Antworten auf Zuruf an die Tafel.

Lösung

> *Speaker 6; Speaker 3*

03 Talk about the text

1. In dieser Aufgabe geht es darum, seine Meinung zu äußern. Wiederholen Sie dazu zum Einstieg die Redemittel u. a. aus Unit 2. Übernehmen Sie I *don't think…; I disagree; I don't agree* … an die Tafel. Fragen Sie: *What else can you say to express an opinion?* Übernehmen Sie die Nennungen an die Tafel: *I dislike …; In my opinion …; I would(n't) …*
2. Die Teilnehmern lesen die Fragen durch. Klären Sie Verständnisfragen und geben Sie Zeit, sich Notizen zu den Fragen 1 und 2 zu machen.
3. Bei einer Gruppe bis sechs Teilnehmern gibt anschließend jeder Teilnehmer eine positive und eine negative Meinung zu den zwei Texten ab. Geben Sie der Gruppe Zeit, diese zu kommentieren, bevor Sie dies selbst tun.

Variante ab 3.

3. Bei einer Gruppe mit mehr als sechs Personen können die Teilnehmer ihre Kommentare mit einem Partner besprechen. Gehen Sie herum und unterstützen Sie wo nötig.
4. Fragen Sie abschließend zu den Fragen 2 und 3, ob es etwas gibt, dem alle Teilnehmer zustimmen: *Is there anything that we can all agree on?*
5. Ein Teilnehmer liest Frage 3 vor. Geben Sie den Teilnehmern Zeit, sich Notizen zu machen. Bei unsicheren Teilnehmern können Sie das Kommentieren unterstützen; schreiben Sie dazu an *For me computer technology is… ; I think internet safety is …; Electronic waste is* …und fordern Sie die Teilnehmer auf, ihren Kommentare so zu beginnen.

6. Bitten Sie freiwillige Teilnehmer, nach Meldung ihren Kommentar vorzustellen. Geben Sie der Gruppe Zeit, diesen zu diskutieren.

04 Practice

1. Erläutern Sie, dass es in dieser Aufgabe um die Wiederholung von vier Zeitformen geht. Übernehmen Sie zum Einstieg in den ersten Teil folgendes Bild an die Tafel:

> I read books. (simple present)
> I'm reading a book. (present progressive)

2. Fragen Sie *What is the difference between these two sentences? When do you use which tense?* Die Teilnehmer können sich die Regeln oder eigene Hilfen neben der Aufgabe eintragen. Bei Unsicherheiten können Sie die Grammatikerläuterungen auf Seite 136 zu Rate ziehen.

Beispiellösung

We use the present simple to talk about facts or about things that happen regularly. We use the present progressive to talk about what is happening right now or about something unusual.

3. Anschließend lösen die Teilnehmer die Aufgabe jeder für sich.
4. Vergleichen Sie abschließend die Lösungen, indem die Teilnehmer ihre Lösungen in Sitzreihenfolge vorlesen. Verbessern Sie wo nötig.

Lösung

1 are you reading; 2 'm doing; 3 always enjoy; 4 Do you cook; 5 cook; 6 cooks; 7 Are you doing; 8 do; 9 'm learning

5. Übernehmen Sie zum Einstieg in den zweiten Teil folgendes Bild an die Tafel:

> I have already had lunch. (present perfect)
> I had lunch two hours ago. (simple past)

6. Sammeln Sie von den Teilnehmern Regeln, die sie für die Anwendung der Zeiten erinnern.

Beispiellösung

We use the present perfect to talk about things that happened in the past but relate to the present. The past simple is used to talk about things that happened in the past and have finished.

7. Diese können in der Randspalte notiert werden. Fragen Sie nach den Signalwörtern in den Sätzen an der Tafel. Bei Unklarheiten können Sie die Grammatikerläuterungen auf Seite 137 zu Rate ziehen.

Lösung

already, two hours ago

8. Anschließend lösen die Teilnehmer die Aufgabe jeder für sich.

Lösung

10 Have you ordered; 11 've already finished; 12 came; 13 didn't have; 14 got up; 15 haven't had; 16 haven't decided; 17 had

9. Vier Teilnehmer können abschließend beide Dialoge zur Vertiefung der Zeiten nochmals mit verteilten Rollen vorlesen.

Hinweis

– Achtung! Die *ing*-Form in *cooking* in der dritten Zeile ist kein *present progressive*, sondern eine *ing*-Form, die dem Verb *enjoy* folgt. Auf Nachfrage erinnern Sie daran, dass nach bestimmten Verben wie *enjoy*, *like*, *love*, *dislike* oder *hate* eine *ing*-Form verwendet wird.

Erweiterung

4.1

10. Kopieren Sie die Kopiervorlage 4.1 einmal und schneiden Sie die Sätze aus.
11. Bilden Sie mit den Teilnehmern bis zu vier Teams, die jeweils 500 *Grammar Dollars* erhalten. Notieren Sie die Teams und ihren Kontostand wie folgt an der Tafel:

Team 1	Team 2	Team 3...
500 GD	50 GD	...

12. Erklären Sie, dass die Teilnehmer an einer Auktion teilnehmen, in der sie Sätze ersteigern können, die Sie als Auktionator durch Vorlesen versteigern. Die Teilnehmer müssen dabei überlegen, ob die Sätze auf den Karten korrekt sind.
13. Die jeweilige Gruppe erhält die von ihr ersteigerte Karte. Notieren Sie an der Tafel, welches Team wie viel bezahlt hat.
14. Nachdem alle Sätze versteigert wurden, lösen Sie auf, welcher Satz korrekt und welcher inkorrekt war. Stellen Sie sicher, dass allen Teilnehmern klar ist, wo der Fehler in dem jeweiligen Satz liegt. Für korrekte ersteigerte Sätze erhält das jeweilige Team den doppelten Preis auf ihr Konto gutgeschrieben.

Beispiellösung der Kopiervorlage

This year is special! **We're going** *to Chicago on holiday.;* **Have you** *bought yourself a new smart phone?;* **We had** *lunch two hours ago.; I enjoy* **listening** *to English pop songs.; I'm tired because I* **didn't** *have coffee this morning.; My sister* **is learning** *how to use the internet safely at the moment.*

05 Practice

1. Die Teilnehmer machen sich mit der Aufgabenstellung vertraut. Übernehmen Sie *for* und *since* an die Tafel und bitten Sie die Teilnehmer, mündlich einige Zeitangaben mit den beiden Wörtern zu bilden, z. B. *for three weeks*, *since last Monday*. Bei Unklarheiten können Sie die Grammatikerläuterungen auf Seite 139 zu Rate ziehen.
2. Ein Teilnehmer liest den ersten Beispielsatz vor. Übernehmen Sie zur Wiederholung der Zeitform folgendes Bild an die Tafel:

> She has been reading <u>for two hours.</u>
> ————————————→
> She started reading   She's reading
> <u>two hours ago.</u>   a magazine.

Erinnern Sie daran, dass das *present perfect progressive* den Bogen von der Vergangenheit zur Gegenwart schlägt, indem es beschreibt, was vor einiger Zeit begann, aber immer noch passiert/geschieht. Bei Unklarheiten ziehen Sie die Grammatikerläuterungen auf Seite 138 zu Rate.

3. Anschließend lösen die Teilnehmer die Aufgabe entweder jeder für sich oder, so gewünscht, mit einem Nachbarn.
4. Vergleichen Sie die Lösungen, indem die Teilnehmer ihre vorlesen. Geben Sie der Gruppe Zeit, diese zu kommentieren, bevor Sie dies selbst tun.

Lösung

2 been playing; 3 They've been travelling around America for two months.; 4 She's been learning Chinese for ten years!; 5 He's been teaching music since 1992.; 6 They've been cooking a meal since half past five.

Erweiterung

5. Schreiben Sie den Ausdruck *I've been … for … years* an die Tafel. Fragen Sie *Is there something you have been doing for ten years or more?* Geben Sie ein Beispiel, z. B. *I've been teaching English for ten years.* Machen Sie eine kurze Abschlussrunde, in der jeder Teilnehmer einen ähnlichen Satz bildet, der auf ihn zutrifft.

Hinweis

– Achtung! Weisen Sie gegebenenfalls nochmals darauf hin, dass *for* nicht dem deutschen „vor" entspricht: „vor" = *ago*.

---

06 Practice

1. Die Teilnehmer machen sich mit der Aufgabenstellung vertraut. Ein Teilnehmer liest den ersten Beispielsatz vor.
2. Die Teilnehmer lösen anschließend die Aufgabe jeder für sich. Neu ist das Wort *joined* in Satz 3, das sich mit *he started working for the company* umschreiben lässt.
3. Die Teilnehmer können zum Vergleich ihrer Lösungen ihre Bücher mit einem Nachbarn tauschen und ihre Lösungen vergleichen.
4. Für das abschließende Vorlesen werden die Bücher zurückgetauscht. Die Teilnehmer lesen ihre Sätze nacheinander vor. Verbessern Sie wo nötig.

Lösung

2 has had; 3 has been; 4 has known; 5 have been; 6 has had

Hinweis

– Achtung! Tätigkeitsverben *(active verbs)* können im *present perfect* in der *simple form* oder auch in der *progressive form* stehen, Zustandsverben *(state verbs)* dagegen nur in der *simple form*.

---

07 Listening

11

1. Erklären Sie, dass Thema dieser Aufgabe das Verlieren von Dingen ist. Die Teilnehmer machen sich mit der Aufgabenstellung vertraut und lesen den ersten Teil der Aufgabe durch. Das Wort *upset* in der ersten Fragestellung ist neu. Sie können das Wort umschreiben, indem Sie z. B. sagen, *When I'm upset about something, I'm worried and angry.*

2. Spielen Sie die CD einmal ab; die Teilnehmer hören zu und versuchen dabei die erste Frage zu beantworten. Fragen Sie, wer die Antwort auf die Frage schon gefunden hat. Bestätigen Sie die richtige Nennung. Spielen Sie die CD ein zweites Mal ab.

Lösung

> *Someone can see his personal information.*

3. Die Teilnehmer lesen anschließend die Fragestellungen im zweiten Teil der Aufgabe durch. Spielen Sie die CD ein weiteres Mal ab. Die Teilnehmer hören mit und beantworten dabei die Fragen 1–4. Neu sind hier die Wörter *realize* und *block*. Das Verb *block* erklärt sich sicherlich aus seiner Ähnlichkeit zum Deutschen. *Realize* entspricht *understand*, bzw. *I realized* auch *it hit me*.
4. Fragen Sie, wer die Fragen beantworten kann und sammeln Sie Nennungen auf Zuruf. Bei Unklarheiten können die Teilnehmer das Transkript auf den Seiten 149/150 zu Hilfe nehmen. Bestätigen Sie die richtigen Lösungen.

Lösung

> *1 In a pub.; 2 Ten minutes.; 3 The phone company.; 4 Photos, text messages and all his contacts.*

5. Spielen Sie die CD zur Überprüfungen der Lösungen nochmals ab. Unsichere Teilnehmer können das Transcript mitlesen, sicherere Lerner können die CD bei geschlossenen Büchern hören.
6. Frage 5 eignet sich gut für eine Partnerarbeit. Bitten Sie die Teilnehmer, die Fragen mit einem Nachbarn zu diskutieren. Unterstützen Sie bei Wortnachfragen.
7. Sammeln Sie in einer Abschlussrunde nützliche Tipps. Schreiben Sie dazu an **Keep your phone safe**. Fragen Sie die Gruppe *How do you keep your phone safe? Have you ever lost it? If so, what did you do?* Bitten Sie Teilnehmer mit nützlichen Hinweisen, diese an der Tafel zu notieren.

Hinweise

> – Achtung: Das Verb *lose* wird nur mit einem ‚o' geschrieben, *loose* bedeutet ‚lose' oder ‚locker'.
> – Bei Frage 3 könnte die Frage auftauchen, warum es nicht *Who did block the phone* heißt? Für eine kurze Erläuterung weisen Sie darauf hin, dass *who*-Fragen ohne eine Form von *do* gebildet werden, wenn *who* ‚wer' heißt.

Transcript

E = Emma
M = Mark
11

E Are you OK, Mark? You look worried.
M I am worried. I'm angry too.
E Why? What is it?
M Someone's stolen my phone.
E Oh no. That's awful. How did it happen?
M I was in the pub last night with a couple of friends. My phone was on the table, and when we left, I just forgot it. I left it on the table. A stupid mistake.
E An easy mistake to make.
M I missed it ten minutes later. It suddenly hit me – what I'd done. I ran back, but of course it wasn't there. I asked everyone in the pub, but no one knew anything about it. Or they said they didn't.

E I suppose someone took the phone and just walked out. They wouldn't wait around.

M Yes, probably.

E So you've reported it to the police?

M Yes, and the phone company. The company has blocked the phone.

E So no one can use it. That's good.

M They can't use it now, but they had time to make a few calls, so maybe I'll get a big bill. I'll probably have to pay for some expensive international calls. That's what usually happens. And of course I have to buy a new phone. But it isn't so much the money; it's everything on the phone – photos, text messages, and all my contacts. I feel sick when I think someone is looking through my personal information.

E They probably just want the phone. They won't be interested in what's on it. No one's going to read your texts.

M I know, I know. You're right. But it's just the way I feel – upset, like I've lost an arm, not just a phone.

08 Practice

1. Lesen Sie die Anweisung in der Randspalte vor und geben Sie den Teilnehmern Zeit, sich das Bild auf der rechten Seite anzuschauen.
2. Lesen Sie die erste Frage vor. Neu ist das Wort *embrace*. Ermutigen Sie die Teilnehmer, die Bedeutung aus der Bilddarstellung heraus zu erschließen, bevor Sie den Begriff erklären. Sammeln Sie Antworten auf die Fragen in der Gruppe.
3. Bei einer Gruppe mit mehr als acht Teilnehmern empfiehlt es sich, die Fragen 2 und 3 in Gruppenarbeit zu bearbeiten. Bei einer geringeren Teilnehmerzahl lässt sich auch gut in der Gruppe diskutieren.
4. Die Gruppen stellen anschließend ihre Meinungen der Klasse vor. Geben Sie den anderen Gruppen Zeit, diese zu kommentieren, bevor Sie es selbst tun. Können sich alle auf eine gemeinsame *message* einigen? Fragen Sie z. B. *What is the picture trying to tell us?*
5. Nutzen Sie Frage 4 für eine Abschlussrunde.

Erweiterung

6. Die Teilnehmer erhalten den Text der *Background info* als Kopie und erzählen aus einer anderen Perspektive die Geschichte des Bildes, z. B. aus Banksys Sicht, der Personen auf dem Bild oder des Jugendclubbesitzers bzw. eines Besuchers.

Background

'Banksy' is a street artist and film director whose real identity has been kept secret. His work first appeared on walls in his native Bristol, and since then his paintings have appeared on buildings and in exhibitions in Britain, the US and other parts of the world. They fetch high prices at auction. Banksy's works are a humorous critique of capitalist society. 'Mobile lovers' was painted on wood and attached to the wall of a youth club in Bristol in 2014. With the artist's permission, the club sold the artwork and used the money to continue running the club.

Ideenpool

▸▸ **Aufgabe 06**

```
I have had ... for/since ...
I have been ... for/since ...
```

1. Die Formen *have had* und *have been* führen häufig zu Verwirrungen. Nutzen Sie deshalb diese Aufgabe für eine Abschlussrunde, in der die Teilnehmer zeitgleich *since* und *for* vertiefen. Übernehmen Sie dazu das Bild in der Randspalte an die Tafel.
2. Bitten Sie die Teilnehmer, die Satzanfänge an der Tafel für sich zu vervollständigen. Helfen Sie bei Wortnachfragen.
3. Die Teilnehmer berichten ihre Sätze anschließend einem Nachbarn, der abschließend die Informationen über seinen Gesprächspartner der Gruppe berichtet. Bei einer lernstarken Gruppe können Sie die Aufgabe erschweren, indem die Teilnehmer sich keine Notizen machen.

What have I learned in Units 1–4?

In dieser Rubrik können sich Ihre Teilnehmer selbst testen, ihren Lernstand überprüfen und eventuellen Übungsbedarf herausfinden.

Lösung

1 been; 2 education; 3 are; 4 up; 5 reminds; 6 have; 7 against; 8 don't; 9 for; 10 at; 11 recently; 12 hasn't; 13 waiting; 14 solution; 15 public

Fashion

Lernziele
- Kleidung und Mode
- Einkaufen und Einkaufsgewohnheiten
- Komplimente machen

Grammatik
- Wiederholung von Passiv: einfache Gegenwart und einfache Vergangenheit
- Das Passiv: *Present Perfect*
- Das Passiv: mit Modalverben

Materialien
- Aufgabe 08: Kopiervorlage 5.1, eine Kopie pro Teilnehmer, ein Flipchart-Blatt
- Aufgabe 10: Karteikarten oder kleine Karten/Zettel
  Kopiervorlage 5.2, ausschneiden

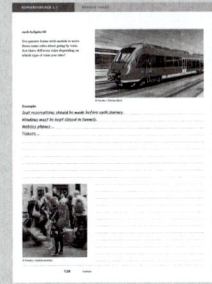

Picture

1. Die Teilnehmer schauen sich die Fotos auf Seite 50 an. Fragen Sie z. B. *Look at what the people are wearing. What do you think these people do for a living?*
2. Diskutieren Sie die Fragen in der Gruppe.

01 Warm up

1. Die Teilnehmer machen sich mit der Aufgabenstellung vertraut. Zur Bearbeitung sind die Wörter ist der *Useful Language Box* nützlich. Lesen Sie die Wörter vor, um die richtige Aussprache sicherzustellen. Achtung: Deutsche Lernende neigen zu Aussprachschwierigkeiten bei den Wörtern *suit*, *sweater* und *clothes*. Fragen Sie z. B. *Which of these words do you already know?* bevor Sie diese erklären, z. B. indem Sie auf die dementsprechend gekleideten Teilnehmer weisen.
2. Ein Teilnehmer liest die erste Frage und den Text in der Sprechblase vor. Diskutieren Sie die Frage in der Gesamtgruppe.
3. Drei Teilnehmer lesen die zweite Frage und die Texte in den Sprechblasen vor. Neu sind hier u. a. die Wörter *smart* und *casual*. Achtung: *smart* kennen die Teilnehmer bisher sicher eher in der Bedeutung von *clever*. Klären Sie Verständnisfragen.
4. Besprechen Sie die Fragen in der Gesamtgruppe.

Erweiterung

5. Bitten Sie die Teilnehmer, den Wortschatz in der Box von Kopf bis Fuß zu sortieren.

Hinweis	– Weisen Sie daraufhin, dass zweiteilige Kleidungsstücke wie Hosen, Leggings o. Ä. immer im Plural stehen und mit einem Verb im Plural gebraucht werden: *These leggings are nice!* Die Anzahl gibt man an mit *(number) pair(s) of …*

02 Text

🎧 12

1. Die Teilnehmer machen sich mit der Aufgabe und der Fragestellung vertraut.
2. Die Teilnehmer lesen den Text und besprechen sich bei Unklarheiten mit einem Nachbarn.
3. Spielen Sie anschließend den Text auf der CD einmal ab. Die Teilnehmer hören den Text und lesen mit. Fragen Sie anschließend, wer die Antwort auf die Frage gefunden hat und bestätigen Sie die richtige Nennung. Bitten Sie den Antwort gebenden Teilnehmer, die entsprechende Textstelle aufzuzeigen.

Lösung

They dress in many different colours, like the sweets 'Smarties'.

4. Klären Sie Wortnachfragen. Neu sind u. a. die Wörter *DIY*, *fabric* und *intense*. Erinnern Sie daran, dass Akronyme im Allgemeinen in Einzelbuchstaben ausgesprochen werden. Achtung! Das Wort *fabric* wird gerne mit dem deutschen ‚Fabrik' gleichgesetzt. Fabrik entspricht jedoch *factory*. Die Teilnehmer kennen für das deutsche ‚intensiv' schon *intensive*. Den Unterschied können Sie auf Nachfrage so erklären: *Intense usually refers to an emotion or a feeling, e. g. an intense emotion, intense competition. Intensive usually describes a longer activity, e. g. an intensive summer course.*
5. Spielen Sie anschließend den Text nochmals vor. Fortgeschrittene Lerner können den Text bei geschlossenen Büchern mithören.

Hinweis

– Im Internet finden sich über eine einfache Google-Suche viele Fotos, die den Style der *Smarteez* zeigen. Wenn möglich zeigen Sie online einige Fotos oder bringen Sie Ausdrucke zum Unterricht mit.

Background

Apartheit: Rassentrennung in Südafrika im 20. Jahrhundert bis 1994, als nach einer Phase der Verständigung Nelson Mandela erster schwarzer Präsident des Landes wurde.

03 Talk about the text

1. Die Teilnehmer lesen alle Fragen durch und durchforsten den Text in 02 nach möglichen Antworten. Dazu können sie sich mit einem Nachbarn besprechen.
2. Bitten Sie anschließend einen Teilnehmer, die erste Frage vorzulesen und zu beantworten. Geben Sie der Gruppe Zeit, zu kommentieren, bevor Sie dies selbst tun.
3. Der zuerst angesprochene Teilnehmer wählt nun seinerseits ein Kursmitglied aus, das mit der zweiten Fragen fortfährt. Verfahren Sie so, bis alle Fragen beantwortet wurden.

Lösung

04 Now you

Erweiterung

1. Die Teilnehmer lesen die Fragen und die Texte in den Sprechblasen jeder für sich durch. Klären Sie Verständnisfragen. Anschließend besprechen sie sich mit einem Partner.
2. Nutzen Sie nach eigenem Ermessen Frage 2 oder 4 für eine Abschlussrunde im Plenum. Fragen Sie z. B. *What were your most irritating fashion mistakes? Why did you buy that piece of clothing? What did you do with it? Did you give it away?*
3. Bitten Sie alle Teilnehmer, direkt vor Bearbeitung von Frage 4 – sofern vorhanden – ein oder zwei Fotos mitzubringen, die sie in typischer Kleidung vergangener Jahrzehnte zeigen.
4. Die Teilnehmer legen die Fotos verdeckt auf den Tisch.
5. Mischen Sie die Karten. Die Teilnehmer decken sie anschließend einzeln wieder auf und versuchen, die gezeigte Person wiederzuerkennen. Fragen Sie dazu z. B. *Who can you see in this photo? When and where do you think the photo was taken?*
6. Nutzen Sie die Fotos auch zu einer Mode-Beschreibung: *Can you describe what the person in the photo is wearing? Did you wear clothes like these in the 60s/70s …?* Für den Fall, dass sich die Teilnehmer nicht für Mode interessieren, fragen Sie z. B. *Is it a stereotype, or are men really less interested in fashion than women? Why?* Diskutieren Sie in der Gruppe.

Hinweise

– Bereiten Sie sicherheitshalber ein paar Fotos auf Vorrat vor, die Menschen aus früheren Jahrzehnten in ihren typischen Kleidungsstücken zeigen.
– Achtung: Deutsche Lernende neigen dazu, bei dem neuen Wort *knit* das ‚k' mitzusprechen. Geben Sie daher die Aussprache deutlich vor. Als weitere Beispiele können dienen *know, knife, knee, knock-out.*

05 LANGUAGE

▶ Grammatikseite 140

1. Erklären Sie, dass in es dieser Box um die sogenannten Passiv-Formen geht. Passivsätze erkennt man daran, dass mit dem Subjekt etwas getan wird. In einem Aktivsatz dagegen führt das Subjekt selbst die Handlung aus.
2. Bitten Sie die Teilnehmer, die ersten fünf Sätze in der *Language Box* in Sitzreihenfolge vorzulesen. Klären Sie Verständnisfragen.
3. Übernehmen Sie folgendes Bild an die Tafel:

```
is(n't) / are (n't)
was(n't) / were(n't)          + past participle (3rd form of the verb)
e.g. is / wasn't written
```

Weisen Sie daraufhin, dass sich die Zeitform an der Form von *be* vor dem *past participle* erkennen lässt. Das *participle* bildet sozusagen die Konstante.
4. Die Teilnehmer lesen die verbleibenden drei Sätze im *present perfect* in Sitzreihenfolge vor. Ergänzen Sie das Tafelbild wie folgt:

> *is(n't) / are (n't)*
> *was(n't) / were(n't)*
> *has(n't) been / have(n't) been*　　　*+ past participle (3ʳᵈ form of the verb)*
> *e. g. hasn't been written*

5. Fragen Sie anschließend z. B. *What follows the word 'by' in these sentences?* Sammeln Sie Antworten auf Zuruf. Weisen Sie bei Bedarf daraufhin, dass bei Fragen das Objekt nach dem ersten Teil des Verbs steht. Sie können dazu auch die Grammatikerläuterungen auf Seite 140 zu Rate ziehen.

Lösung

Mit *by* gibt man die Information, von wem etwas getan wurde oder wodurch etwas geschehen ist.

6. Nehmen Sie den ersten und den fünften Satz der Box als Beispielsätze und bitten Sie die Teilnehmer, diese in die jeweils anderen Zeitformen zu übertragen. Übernehmen Sie diese an die Tafel.

Lösung

The clothes were designed and made by the young men themselves.; Their work is recognized by the fashion world.; Their work was recognized by the fashion world.

06 Practice

1. Die Teilnehmer machen sich mit der Aufgabenstellung vertraut und füllen die Lücken jeder für sich aus.
2. Vergleichen Sie abschließend die Lösungen, indem die Teilnehmer die Sätze nacheinander vorlesen.

Lösung

1 is invited; 2 are not made; 3 are worn; 4 was designed; 5 were not made; 6 was … seen; 7 have been taken; 8 has not been shown; 9 Has … been sold

Hinweis

– Diese Aufgabe eignet sich auch als Hausaufgabe.

07 LANGUAGE

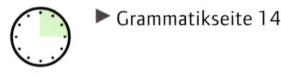

▶ Grammatikseite 141

1. Lesen Sie die Überschrift in der *Language Box* vor. Erklären Sie den Begriff *modals* z. B. indem Sie sagen: *Modals are verbs like can, could, might, should etc. E. g. She can speak English. ≠ She should speak English.*
2. Bitten Sie drei Teilnehmer, die Sätze und die Frage in der Box vorzulesen. Klären Sie Verständnisfragen.
3. Übernehmen Sie das Bild aus der Randspalte an die Tafel. Fragen Sie die Teilnehmer *Look at the Language Box. Can you put the clouds in the right order to make a rule for the use of the passive with modals?*
4. Sammeln Sie Nennungen auf Zuruf und verschieben Sie die Wolken an der Tafel der Regel entsprechend.

Lösung

modal + be + participle

5. Sie können abschließend auch die Grammatikerläuterungen auf Seite 141 zu Rate ziehen.

---

08 Practice

1. Die Teilnehmer lesen die Formen in dem Kasten durch. Klären Sie Verständnisfragen.
2. Anschließend füllen die Teilnehmer die Lücken. Dabei können sie sich mit einem Nachbarn besprechen.
3. Die Teilnehmer vergleichen die Lösungen, indem sie die Sätze in beliebiger Reihenfolge vorlesen. Geben Sie der Gruppe Zeit zum Kommentar, bevor Sie dies selbst tun.

Lösung

1 shouldn't be worn; 2 must be put; 3 can be done; 4 might be finished; 5 could be heard; 6 can't be contacted; 7 can be bought

Hinweis

– Diese Aufgabe eignet sich auch als Hausaufgabe.

Erweiterung

4. Die Teilnehmer können zur zusammenfassenden Betrachtung der Passivformen den Text 02 nach allen Formen durchforsten und diese neben den jeweiligen *Language Boxes* eintragen.

Lösung

Language Box 5: have been photographed; is associated with; are designed and also made by; has been recognized; were not invited to; were invited back
Language Box 7: might be worn; can be combined with

Erweiterung

▶ Teaching tip Paar-/ Gruppenbildung

5.1

4. Verteilen Sie eine Kopiervorlage 5.1 pro Teilnehmer.
5. Die Teilnehmer suchen sich einen Partner und bearbeiten die Aufgabe gemeinsam. Gehen Sie herum und unterstützen Sie wo nötig.
6. Hängen Sie ein Flipchart-Blatt gut sichtbar für alle auf. Die Zweierteams stellen anschließend ihre Regeln der Gruppe nacheinander vor.
7. Geben Sie den Teams anschließend die Aufgabe, sich für jeweils zwei Regeln zu entscheiden, die sie als besonders wichtig erachten. Diese Regeln tragen die Gruppen auf dem Flipchart-Blatt ein.
8. Diskutieren Sie im Plenum abschließend die Regeln. Gibt es eine Gemeinsamkeit in den Regeln?

---

09 Now you

1. Die Teilnehmer lesen die Fragestellungen und die Texte in den Sprechblasen durch. Neu ist der Begriff *advertise* in Frage 1, den Sie sicherlich mit Hilfe eines aktuellen Beispiels erklären können.
2. Bilden Sie drei Gruppen. Teilen Sie jeder Gruppe eine Frage zu, die sie als Hauptfrage bearbeitet. Die Gruppen diskutieren ihre Fragen zunächst unter sich.
3. Anschließend stellen die Gruppen ihre Ergebnisse der Gesamtgruppe zur gemeinsamen Diskussion vor.

10 Wordpower

1. Lesen Sie die Erläuterung in der Randspalte vor. Bitten Sie einen Teilnehmer, die Kategorien in der Box vorzulesen. Erläutern Sie, dass mit *opinion* wertende Adjektive gemeint sind wie *wonderful* oder *great*.

2. Übernehmen Sie die Kategorien aus dem Kasten an die Tafel. Bitten Sie die Teilnehmer, sich Beispiel 1 durchzulesen. Ein Teilnehmer trägt die Adjektive in die Kategorien an der Tafel ein.

opinion	size	age	colour	from	material
pretty			pink		
	tight		blue		cotton

3. Die Teilnehmer lösen anschließend die Aufgabe, wobei sie sich mit einem Nachbarn absprechen können.

4. Bitten Sie anschließend freiwillige Teilnehmer, ihre Lösungen vorzulesen. Der Sitznachbar kann dabei die Adjektive in die richtigen Kategorien an der Tafel eintragen.

Lösung

1 pretty pink cotton / tight blue; 2 big modern German; 3 wonderful young Italian; 4 attractive old English; 5 nice green plastic; 6 little second-hand wooden

5. Teilen Sie für das abschließende Verfassen von zwei eigenen Sätzen zwei Karteikarten oder kleine Zettel pro Teilnehmer aus. Jeder Teilnehmer trägt jeweils einen Satz auf einer Karte ein.

6. Sammeln Sie die Karten ein und mischen Sie diese. Jeder Teilnehmer zieht zwei Karten und liest die Sätze der Gruppe oder einem Nachbarn vor. Die Zuhörer vergleichen dabei die Reihenfolge der Adjektive mit den Kategorien im Kasten und verbessern sofern nötig.

Hinweis

– Das Wort *coffee table* für Couchtisch ist neu. Weisen Sie gegebenenfalls darauf hin, dass die wörtliche Übersetzung ~~couch table~~ nicht existiert.

Erweiterung

5.2

7. Kopieren Sie die Kopiervorlage 5.2 und schneiden Sie die Karten aus. Legen Sie die Karten mit dem Gesicht nach unten auf den Tisch.

8. Bilden Sie zwei, maximal drei Gruppen. Jedes Team nimmt eine Karte und hat die Aufgabe, das Gezeigte mit mindestens vier Adjektiven zu beschreiben, ohne den Namen zu nennen. Dabei achten die Rateteams darauf, dass alle Adjektive in der richtigen Reihenfolge verwendet werden.

9. Die anderen Teams versuchen zu erraten, worum es sich handelt und rufen ihre Lösungen. Das Team mit der richtigen Lösung beschreibt die nächste Karte.

Hinweis

– Zur Sicherheit können die Kategorien aus Aufgabe 10 an die Tafel übernommen werden, damit bei Unklarheiten die Adjektive an die Tafel geschrieben werden können.

11 Listening

13

1. Erläutern Sie, dass die Teilnehmer Julie und Brian auf einer Einkaufstour für eine Hochzeitsfeier begleiten werden. Fragen Sie als Einstimmung: *When did you last attend a wedding party? Can you remember what you wore?* Sammeln Sie Informationen in der Gruppe.

2. Die Teilnehmer machen sich anschließend mit der Aufgabenstellung vertraut. Spielen Sie die CD einmal ab, die Teilnehmer hören zu und versuchen dabei, die Frage aus der Randspalte zu beantworten. Fragen Sie anschließend nach möglichen Antworten und bestätigen Sie die richtige Lösung. Neu ist hier u. a. das Wort *gorgeous*. Geben Sie hier auf Nachfrage die Aussprache vor. Nennen Sie als Erklärung ein Synonym wie *wonderful* oder *beautiful*. Neu ist auch das Verb *suit*, dass die Teilnehmer leicht mit dem Nomen *suit* = ‚Anzug‘ verwechseln könnten.

Lösung

Julie buys a dress and a coat; Brian doesn't buy anything.

3. Geben Sie den Teilnehmern Zeit, sich anschließend die Auswahlmöglichkeiten 1–5 durchzulesen. Klären Sie Verständnisfragen. Spielen Sie anschließend die CD einmal ab. Die Teilnehmer kreuzen beim Zuhören die richtigen Lösungen an und suchen die Antwort auf die Frage in der Randspalte.

4. Die Teilnehmer nennen anschließend ihre Lösungen. Geben Sie erst der Gruppe die Gelegenheit zum Kommentar, bevor Sie bestätigen oder verbessern.

Lösung

1 B; 2 B; 3 A; 4 A; 5 A

5. Spielen Sie die CD zur Überprüfung ein zweites Mal ab. Unsichere Teilnehmer können das Transkript auf Seite 150/151 mitlesen.

Transcript

13

J = Julie
B = Brian
N = Narrator
G = Girl

J   OK, let's go to John Lewis – it's the biggest department store in town. Come on, we'll start in the men's department.

B   Right you are … Julie, over here. What do you think of this brown suit? It'll go with my new brown shoes.

J   You'll have to try it on. Hmm. Yes, the jacket fits you very well. You look really good in that. Try on the trousers. You need to see if they're the right length.

N   Brian goes to the changing room to try the trousers on.

B   Well, what do you think?

J   Oh no, they're not right. They're much too short.

B   Maybe I can find a longer pair but … what about the colour? They've got these suits in grey too.

J   I must say, I like the grey better. Put on the jacket – oh yes, grey is a good colour for you. It goes with your grey hair!

B   Thank you very much! But a grey suit wouldn't go with my brown shoes, would it?

J   Not really, you'd need black shoes.

B   Hmm, I can't decide. Let's go and find something for you and I'll think about it.

J   OK … now what I'm looking for is a smart dress. And then a coat that I can wear every day. This dress, for example? What do you think of this? It's expensive but …

B   Oh, but it is for something special.

J   True, and you get what you pay for. It's exactly what I was looking for.

B   It feels nice. What's it made of?

J   It's silk. But pink doesn't really suit me. Excuse me, do you have this dress in any other colours?

G   Yes, madam, we've got it in black and in blue.

J   Hmm, I love wearing black but maybe not for a wedding. Now this blue dress is perfect!

G   Oh yes, that's very "you". It matches your eyes. Size 14, right?

J   That's right. Oh and look, there's a cashmere coat in exactly the same colour, brilliant. Hang on a minute, I'll put the dress on first …

N   Julie goes to the changing room to try the dress on.

B   Wow! You look gorgeous in that!

J   Do you really think so? It fits me OK.

G   It fits you perfectly. It's very elegant. Yes, that dress is a must.

J   Well, thank you. I'll try on the coat … oh yes. Yes, I'll take them both.

G   No problem. Is there anything else I can help you with?

J   No, that's all for me. Now, what about your suit, Brian? What's it going to be?

B   Well, I've been thinking … maybe I should get some new black shoes, then I can wear a …

---

12 Now you

1. Bitten Sie einen Teilnehmer, die Frage 1 und die dazugehörige blaue Sprechblase vorzulesen. Die erste Frage lässt sich gut in der Gesamtgruppe diskutieren. Gibt es eine klare Tendenz zu Julie oder Brian? Gibt es einen Unterschied zwischen Männern und Frauen?

2. Bitten Sie einen Teilnehmer, Frage 2 und die dazugehörige grüne Sprechblase vorzulesen. Die Teilnehmer können diese Frage mit einem Nachbarn diskutieren. Erinnern Sie gegebenenfalls daran, dass nach Verben des Mögens oder Ablehnens die -ing Form eines Verbs verwendet wird.

3. Die Teilnehmer lesen anschließend die dritte Frage und die dazugehörige orange Sprechblase durch. Vorbereitend können die Teilnehmer nochmals die Aussagen aus Aufgabe 11 durchlesen und alle positiven Aussagen und Komplimente unterstreichen. Sammeln Sie abschließend alle Wörter für Kleidungsstücke, die die Teilnehmer verwendet haben, per Zuruf an der Tafel. Markieren Sie neue Wörter.

---

13 Round up

1. Erklären Sie, dass die Teilnehmer in dieser Aufgabe ihre Garderobe für einen besonderen Anlass planen. Dazu lesen sie die Einträge in der Wortspinne durch. Neu ist der Begriff *fancy dress party*, den Sie erläutern können, indem Sie z. B. sagen *When you go to a fancy dress party, you dress up as a pirate or a policeman*. Die Teilnehmer vervollständigen in der Gesamtgruppe die Wortspinne mit weiteren Ideen. Weitere nützliche Wörter könnten hier sein: *birthday party* – Geburtstagsfeier; *company anniversary* – Firmenjubiläum; *wedding anniversary* – Hochzeitstag; *confirmation* – Konfirmation; *a visit to the opera* – Opernbesuch; *christening* – Taufe; *housewarming party* – Hauseinweihungsparty; *a hiking tour* – ein Wanderausflug.

2. Anschließend bearbeiten die Teilnehmer den zweiten Teil der Aufgabe mit einem Partner. Unterstützen Sie bei Wortnachfragen.

---

3. Abschließend berichten die Zweiergruppen der Gesamtgruppe. Geben Sie bei Bedarf einige Hilfestellungen mündlich oder als Tafelbild: *At our event/party we are wearing…; when you come to our event you should wear …* Die Gruppe errät das mögliche Event. Sammeln Sie neue Wörter an der Tafel.

Ideenpool

▶▶ **Aufgabe 04**

1. Zu Frage 3 bitten Sie bei einer Gruppe, die gerne fotografiert, die Teilnehmer, ein Foto von ihrem Lieblingskleidungsstück zu machen. Je nach den technischen Möglichkeiten lassen Sie sich die Fotos per E-Mail oder *social media* zusenden und stellen so eine Sammlung für die nächste Stunde zusammen, die Sie als *Handout* mitbringen.
2. Die Teilnehmer vergleichen die dargestellten Kleidungsstücke. Gibt es gemeinsame Vorlieben für Farben oder ähnliche Lieblingsstücke?

Hausaufgaben

Extra Practice Reminder:

☐ p._____   No. _____ _____ _____

☐ p._____   No. _____ _____ _____

☐ p._____   No. _____ _____ _____

☐ _____

☐ _____

A helping hand

Lernziele	• Wohltätigkeit • Hilfe anbieten • Sich bedanken • Eine Geschichte erzählen
Grammatik	• Wiederholung der Zeiten: einfache Vergangenheit, *past perfect*, Verlaufsform der Vergangenheit
Materialien	• Aufgabe 08: Kopiervorlage 6.1, ausschneiden • Aufgabe 10: Kopiervorlage 6.2, eine Kopie pro Teilnehmer

 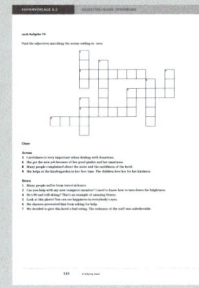

Picture

1. Die Teilnehmer sehen sich die Fotos zum Einstieg in die Unit an. Fragen Sie z. B. *What do you think this unit will be about? Do you recognize the logo on the pink shirt? Do you know the English name for 'Medecins Sans Frontières'?* Sammeln Sie Ideen in der Gruppe.
2. Übernehmen Sie die Wörter **heart foundation**, **survivor** und **making strides** an die Tafel. Erklären Sie unbekannte Wörter: *A foundation is an organization which helps other people. A survivor is somebody who is still alive despite having had a terrible experience, for example a serious disease.* Der Begriff *making strides* lässt sich mit Schritten einfach vormachen. Fragen Sie *What kind of charities are these? What do you think they do?* Sammeln Sie Spekulationen auf Zuruf.

Hinweis

– Britisches Englisch: *organisation*; amerikanisches Englisch: *organization*

01 **Warm up**

1. Die Teilnehmer machen sich mit der Aufgabenstellung vertraut. Klären Sie Verständnisfragen und lesen Sie die Ausdrücke in der *Useful language box* vor, um die richtige Aussprache sicherzustellen. Fragen Sie, welche Ausdrücke schon bekannt sind, bevor Sie neue Begriffe möglichst auf Englisch umschreiben.

Erweiterung

🕐

2. Diskutieren Sie die Fragen in der Gesamtgruppe. Übernehmen Sie Nennungen für weitere Hilfsleistungen an die Tafel. Diese Wörter könnten dabei hilfreich sein: Kleiderspenden – *clothing donation*, Gemeindearbeit – *community work*, Kinderbetreuung – *child care*, Blutspenden – *blood donation*, Suppenküche – *soup kitchen*. Fragen Sie z. B. *Do you know any local charities? Do you support any of these organisations yourself?*

3. Hier noch einige alternative Sprechanreize, die Sie für eine Diskussion nutzen können: *Why do you think some people donate useless things or things that are beyond repair? What do you think about the saying 'Charity begins at home'?*

Hinweis

– Achtung: Der neue Begriff *donate* = ‚spenden' wird häufig mit *spend* = ‚ausgeben' verwechselt.

02 Text

🎵 🕐

14

1. Zum Einstieg übernehmen Sie die Überschrift des Artikels an die Tafel, bevor die Teilnehmer diesen lesen. Das neue Wort *grateful* lässt sich mit *thankful* umschreiben. Fragen Sie *In what kind of newspaper would you expect to find this article? Would you want to read the article if you had only seen the headline?* Sammeln Sie Meinungen in der Gruppe.

2. Anschließend lesen die Teilnehmer jeder für sich die Anweisung und Fragestellung in der Randspalte sowie den Text durch. Helfen Sie bei Wortnachfragen. Neu ist unter anderem der Ausdruck *sleep rough* (Zeile 10). Erklären Sie, dass das Wort *rough* hier die Lebensweise eines Menschen beschreibt, der ohne Obdach lebt.

3. Fragen Sie, ob jemand schon die Antwort auf die Frage in der Randspalte gefunden hat. Bestätigen Sie richtige Nennungen. Spielen Sie anschließend die CD einmal ab. Die Teilnehmer können dabei den Text mitlesen oder auch die Bücher schließen.

Lösung

She was amazed and touched when a person who had nothing wanted to help her.

4. Bilden Sie anschließend drei Gruppen. Teilen Sie jeweils einer Gruppe einen Textabschnitt zu. Erklären Sie, dass jede Gruppe „ihren" Textabschnitt nochmals durchliest und den Inhalt dann mit eigenen Worten den anderen Gruppen wiedergibt, dabei schließen alle die Bücher.

5. Spielen Sie die CD abschließend nochmals ab, idealerweise bei geschlossenen Büchern. Dabei können Sie eine kurze Vertiefung des Hörverständnisses der neuen Wörter einbinden. Übernehmen Sie drei neue Begriffe an die Tafel, z. B. **kindness, wallet, generous**. Bitten Sie die Teilnehmer, ein Handzeichen zu geben oder Stopp zu rufen, wenn Sie das jeweilige Wort gehört haben.

Background

Food bank: Eine karitative Einrichtung, die Lebensmittelspenden sammelt und verteilt, ähnlich einer deutschen Tafelorganisation.

03 Talk about the text

1. Fordern Sie die Teilnehmer auf, zunächst die Fragestellungen 1–3 jeder für sich zu lesen und zu beantworten. Sammeln Sie die Antworten in einem Gruppengespräch. Bei einer lernschwächeren Gruppe empfiehlt es sich, Beispiellösungen an die Tafel zu übernehmen. Bei Unklarheiten fragen Sie nach *Where in the text did you find this information?*

Lösung

1 She had lost her credit card and didn't have the money for a taxi home.; 2 She was touched because the offer was from a homeless person.; 3 She found out that he had helped other people in the past.

2. Zur Beantwortung von Frage 4 können sich die Teilnehmer Notizen machen und sich dann mit einem Nachbarn austauschen.
3. Freiwillige Teilnehmer tragen ihre Meinung vor. Ermutigen Sie die anderen Teilnehmer zu kommentieren.

Erweiterung

4. Fragen Sie in einer Abschlussrunde *Would you have supported Dominique's campaign? Why or why not?* Ergibt sich in einer Plenumsdiskussion ein eindeutiger Standpunkt?

04 Now you

1. Bitten Sie die Teilnehmer, sich die ersten drei Fragen sowie die Texte in den Sprechblasen durchzulesen. Klären Sie Verständnisfragen.
2. Bilden Sie drei Gruppen und teilen Sie jeder Gruppe eine Frage zu. Fordern Sie alle auf, die Fragen zunächst innerhalb ihrer Gruppe zu diskutieren und anschließend einen Kommentar vorzubereiten, den sie den anderen Gruppen mündlich vorstellen. Gehen Sie herum und unterstützen Sie.
3. Anschließend stellt Gruppe 1 ihr Statement vor. Fordern Sie die Teilnehmer der Gruppen 2 und 3 auf, dies zu kommentieren. Sammeln Sie dabei neue Wörter an der Tafel und klären Sie diese. Verfahren Sie ebenso mit den Fragen 2 und 3.
4. Die Frage 4 eignet sich gut als gemeinsame Diskussionsaufgabe bei einer Gruppe bis vier Personen. Die Gruppen stellen ihre Meinungen nacheinander den anderen Gruppen vor. Korrigieren Sie wo nötig.

Variante zu 4.

4. Bei einer größeren Gruppe können Sie die Frage als schriftliche Hausaufgabe nutzen. Die Teilnehmer schreiben zu der Frage einen Leserbrief oder einen Blogbeitrag, den sie in der nächsten Stunde vorlesen.

Hinweis

– Achtung: *comment* wird von *on* gefolgt und nicht von *~~to~~*.

05 LANGUAGE

▶ Grammatikseite 139

1. Erklären Sie, dass es in dieser *Language Box* darum geht, wie man über die Vergangenheit berichten kann. Bitten Sie einen Teilnehmer, den ersten Abschnitt *simple past* vorzulesen.
2. Übernehmen Sie den Zeitstrahl an die Tafel und markieren Sie das *simple past* mit einem Kreuz.

present

simple past

3. Ein zweiter Teilnehmer liest den Abschnitt zum *past perfect* vor. Markieren Sie diese Zeit mit einem zweiten Kreuz links vom ersten auf dem Zeitstrahl.

Fragen Sie die Teilnehmer, welche Regel sie zur Verwendung des *past perfect* erinnern. Erläutern Sie, dass das *past perfect* zumeist verwendet wird, wenn betont werden soll, dass eine Handlung in der Vergangenheit vor einer anderen stattgefunden hat.

4. Ein dritter Teilnehmer liest den Abschnitt zum *past progressive* vor. Ergänzen Sie das Tafelbild wie in der Randspalte.

Fragen Sie auch hier nach dem Regelwissen der Teilnehmer, bevor Sie erklären, dass das *past progressive* eine *ing*-Form, also Verlaufsform ist. Sie beschreibt eine Handlung, die in der Vergangenheit über einen längeren Zeitraum andauerte. Sie wird häufig von einer zweiten Aktivität unterbrochen, die mit *when* eingeleitet wird und im *simple past* steht. Sie können dazu auch die Grammatikerläuterungen auf den Seiten 139–140 zu Rate ziehen.

---

06 Practice

1. Die Teilnehmer machen sich mit der Aufgabenstellung vertraut. Bilden Sie die erste Frage selbst und geben Sie die Antwort an einen Teilnehmer ab. Abschließend bildet jeder Teilnehmer für sich die Fragen und Antworten.

2. Vergleichen Sie abschließend die Lösungen, indem die Teilnehmer die Sätze in Paaren in Sitzreihenfolge vorlesen.

Lösung

1 Did she take the money? – No, she didn't take it.; 2 Did you see her appeal on Facebook™ or on Twitter™? – I saw it on both.; 3 Did you have a good meal last night? – Yes thanks, I had a very good pizza.; 4 Did they go to the cinema? – No, they went to a club.; 5 Did the men drink beer? – No, they drank wine.; 6 Did she buy a newspaper or a magazine? – She bought a computer magazine.

---

07 Practice

1. Schreiben Sie zur Erinnerung und Vertiefung der Formenbildung an die Tafel: **past perfect = had + 3rd form**. Bilden Sie einen Satz wie z. B. *Before I came here this morning, I had taken the car to the garage.*

2. Die Teilnehmer füllen anschließend die Sätze aus und können sich dabei mit einem Nachbarn besprechen.

3. Vergleichen Sie anschließend die Sätze durch Vorlesen in Sitzreihenfolge.

Lösung

1 had lost; 2 had posted; 3 had already gone; 4 had raised; 5 had eaten; 6 had seen; 7 had been

---

Erweiterung

4. Nehmen Sie Satz 7 zum Anlass, mit den Teilnehmern weitere Sätze im *past perfect* zu üben. Übernehmen Sie dazu zur Vertiefung der chronologischen Reihenfolge von *simple past-* und *past perfect-*Handlungen folgendes Bild an die Tafel:

> 1st *action* 2nd *action*
> *After Robbie* <u>*had lost*</u> *his job, he* <u>*slept*</u> *rough.*

Schreiben Sie an **Robbie slept rough because he had lost his job. He lost his job because...**

5. Bitten Sie die Teilnehmer, den Satz mit einer Begründung im *past perfect* zu vervollständigen. Geben Sie allen Zeit, sich Notizen zu machen.
6. Vergleichen Sie die Ergebnisse durch Vorlesen in beliebiger Reihenfolge. Beginnen Sie mit einem Beispiel: *Robbie lost his job because his company had run into financial problems.* Die Teilnehmer können die Vervollständigungen auch an der Tafel eintragen

---

08 Practice

1. Rekapitulieren Sie die Anwendung der beiden Zeiten vor dem Einstieg in die Aufgabe, indem sich die Teilnehmer die Sätze in der *Language Box* auf Seite 62 nochmals durchlesen.
2. Die Teilnehmer vervollständigen anschließend die Sätze und können sich dabei mit einem Nachbarn besprechen.
3. Vergleichen Sie die Ergebnisse, indem die Teilnehmer die Sätze in Sitzreihenfolge vorlesen.

Lösung

> *1 was waiting / offered; 2 were sitting / saw; 3 was talking / came; 4 Were you jogging / started; 5 was eating / arrived; 6 found / was walking*

Erweiterung

6.1

4. Kopieren Sie die Kopiervorlage 6.1 ein Mal und schneiden Sie die Karten aus.
5. Legen Sie die Karten mit dem Gesicht nach unten auf den Tisch. Schreiben Sie an die Tafel **What were you doing when ...**
6. Erklären Sie, dass die Teilnehmer sich gegenseitig Fragen stellen werden, die mit der Vorgabe an der Tafel beginnen. Ziehen Sie selbst die erste Karte, legen Sie sie für alle gut sichtbar auf den Tisch und bilden Sie ein Beispiel, z. B. *What were you doing when the Berlin Wall came down?* Sprechen Sie einen Teilnehmer direkt an und achten Sie darauf, dass dieser im *past progressive* antwortet. Dieser Teilnehmer zieht die nächste Karte, bildet eine Frage mit *What were you doing when ...* und spricht seinerseits einen Teilnehmer an.
7. Verfahren Sie so, bis alle Fragen gestellt und beantwortet wurden.

Hinweis

– Bei einer lernschwächeren Gruppe übernehmen Sie eine Modellfrage mit Antwort an die Tafel.

---

09 Now you

1. Die Teilnehmer machen sich mit der Aufgabenstellung vertraut. Übernehmen Sie bei Bedarf die Satzanfänge an die Tafel und bitten Sie jeweils einen Teilnehmer, einen Beispielsatz zu bilden. Übernehmen Sie die richtigen Lösungen an die Tafel. Die Teilnehmer können anschließend die Zeitform benennen.

2 Dann lesen die Teilnehmer die Texte der Sprechblasen. Anschließend vervollständigen sie die Sätze jeder für sich. Unterstützen Sie bei Wortnachfragen.

3. Die Teilnehmer tauschen sich mit einem Partner aus.

4. Nutzen Sie die Sätze 2 und 5 für eine Abschlussrunde, denn hier kann sicherlich jeder Teilnehmer etwas beitragen. Beginnen Sie z. B. mit Satz 2: Bilden Sie einen Satz, der für Sie zutreffend ist. Sprechen Sie dann einen weiteren Teilnehmer an, *What about you (Viktoria)?*, der dann seinerseits den Satz vervollständigt und einen anderen Teilnehmer anspricht. Verfahren Sie ebenso mit Satz 5.

Hinweis

– In Satz 2 wird *didn't use to* verwendet. Erinnern Sie hier bei Bedarf daran, dass *use to* nicht *use* = ‚benutzen, verwenden' entspricht, sondern beschreibt, was früher einmal gewohnheitsmäßig geschah.

---

10 Wordpower

1. Lesen Sie die Anweisung in der Randspalte vor und übernehmen Sie das Beispiel an die Tafel. Geben Sie sicherheitshalber ein zweites Beispiel, z. B. *thankful – thankfulness.*

2. Die Teilnehmer lesen anschließend die ausgefüllten Sätze in Sitzreihenfolge vor. Neu ist hier lediglich das Adjektiv *rude* in Satz 4. *Rude* lässt sich leicht als *unfriendly* umschreiben.

Lösung

1 kindness; 2 politeness; 3 usefulness; 4 rudeness; 5 sickness; 6 Friendliness; 7 Fitness; 8 Happiness

Hinweis

– Weisen Sie gegebenenfalls darauf hin, dass bei Adjektiven, die auf *y* enden, das *y* im Nomen zu einem *i* wird.

Erweiterung

6.2

3. Verteilen Sie eine Kopiervorlage 6.2 pro Teilnehmer. Bilden Sie je nach Gruppengröße Zweier- oder Dreierteams. Erklären Sie, dass die Teilnehmer in diesem Kreuzworträtsel die Adjektive eintragen, die zu den Nomen in den Sätzen passen.

4. Die Teams lösen das Kreuzworträtsel in ihrem eigenen Team.

5. Vergleichen Sie in einer Abschlussrunde die Lösungen, indem jedes Team jeweils ein Lösungswort vorstellt. Geben Sie der Gruppe die Gelegenheit zum Kommentar, bevor Sie dies selbst tun.

Lösung

1 sick; 2 bright; 3 careful; 4 fit; 5 happy; 6 smart/shy; 7 rude; 8 untidy; 9 kind

---

11 Listening

15

1. Lesen Sie die Erklärung in der Randspalte vor und spielen Sie die CD einmal ab. Sammeln Sie erste Eindrücke: *What was the program about?*

2. Geben Sie den Teilnehmern Zeit, die Auswahl der Überschriften zu lesen und die Fotos dazu zu betrachten. Klären Sie Verständnisfragen.

3. Spielen Sie die CD ein zweites Mal ab. Die Teilnehmer entscheiden sich beim Zuhören für eine mögliche Überschrift. Vergleichen Sie die Nennungen anschließend per Zuruf und bestätigen Sie korrekte Lösungen.

Lösung

Couple finds lost child; Kind stranger in white car; Sick at sea

4. Im zweiten Teil der Aufgabe lesen die Teilnehmer die Fragen 1–5 durch. Klären Sie Verständnisfragen

5. Spielen Sie die CD nochmals ab und pausieren Sie bei Bedarf nach jedem Bericht. Die Teilnehmer machen sich dabei zur Beantwortung der Fragen Notizen. Dazu können sie sich mit einem Nachbarn besprechen.

6. Laden Sie anschließend freiwillige Teilnehmer ein, ihre Lösungen vorzustellen. Bei einer unsicheren Gruppe kann es empfehlenswert sein, Beispiellösungen an die Tafel zu übernehmen.

Lösung

1 The supermarket manager.; 2 They took her to the nearest police station.; 3 The stranger's wine was much better / more expensive.; 4 She was sick after eating some bad food.; 5 She carried her bags, gave her water and a tissue to clean her face, called her friends for her.

7. Laden Sie die Teilnehmer ein, zur Verständnissicherung abschließend das Transkript auf der Seite 151 durchzulesen. Bei Bedarf können Sie die CD nochmals abspielen, während die Teilnehmer mitlesen.

8. Laden Sie die Teilnehmer zu einer freiwilligen Hausaufgabe ein. Dazu wählen sie eine der genannten möglichen Überschriften aus und denken sich eine Geschichte aus, die unter dem Oberthema *A helping hand* zu dieser Überschrift passen könnte. Die Geschichte sollte nicht mehr als 100 Wörter umfassen. Wenn Sie die Möglichkeit haben, lassen Sie sich den Text vor der nächsten Stunde zumailen und korrigieren Sie im Vorhinein.

9. Bitten Sie in der nächsten Stunde freiwillige Teilnehmer, ihre Geschichte vorzulesen. Stellen Sie sicher, dass korrigierte Versionen vorgelesen werden und alle Vorleser ein positives Feedback bekommen. Vielleicht können Sie die beste Geschichte prämieren?

Erweiterung

Transcript

15

1 My wife and I were Christmas shopping in a very large supermarket with our small children then aged three, five and seven. It was very busy. We suddenly noticed that our three-year-old, Ursula, wasn't with us. We were in the food department, so I checked where they sold chocolate and sweets, but she wasn't there. I ran out onto the car park in a complete panic, but I couldn't find her anywhere. It was the shop manager who phoned the local police. To our complete surprise, they said, "Your daughter is here and she's safe." A young man and his girlfriend, this amazing young couple, had noticed my girl walking around the car park all alone and had taken her to the nearest police station. But they hadn't left a name or address, so we were never able to thank them. If that man or woman is listening now, all I can say is thank you so much.

2 It was when I was a student, and a friend and I were going to a party. It was raining, and we were waiting for a bus with a bottle of cheap red wine in a paper bag. The bag broke and the bottle fell and broke too. Just at that moment, a long white car, a limousine, stopped, and the driver got out and gave us a bottle of wine. We were so surprised that we couldn't say a word. He quickly got back into the car and drove away. The bottle of wine this complete stranger had given us was much more expensive than the one that broke and we enjoyed drinking it. I will never know why this man did what he did, but it was very kind of him and I was never able to thank him.

3 I was going to visit friends on the Isle of Wight, off the south coast of England. As soon as I got on the ferry in Portsmouth I started to feel very unwell. It was really calm and I soon realized that this was not sea sickness. In fact, I'd eaten something bad for breakfast. By the time we got to Fishbourne 45 minutes later, I was seriously ill. I had an upset stomach and a very high temperature. I was being sick into a plastic bag and I could hardly walk. A woman called Miranda helped me to get off the boat. She carried my bags, gave me water and a tissue and helped me clean my face. She then phoned my friends and told them to come and get me. I was too ill to speak, certainly too ill to thank her and she left without giving me any contact details. Miranda, I will never forget your kindness and thoughtfulness that day and I'd like to say thank you very much.

12 Now you

1. Geben Sie den Teilnehmern Zeit, die Fragestellungen sowie die Texte der Sprechblasen durchzulesen und sich Notizen zu machen. Neu ist hier der Ausdruck *similar* in Frage 3, der sich leicht mit … *if you found yourself in a situation like this* umschreiben lässt.
2. Die Fragen 1 und 2 eignen sich gut für eine Diskussion in der Gruppe. Sammeln Sie gegebenenfalls für Frage 2 die Pro- und Con-Argumente in Stichworten an der Tafel. Gibt es am Ende eine gemeinsame Meinung, auf die sich alle einigen?
3. Laden Sie die Teilnehmer ein, die dritte Frage mit einem Partner zu besprechen. Die Zweiergruppen stellen in beliebiger Reihenfolge ihre Meinungen vor. Ermutigen Sie die zuhörenden Zweiergruppen, Stellung zu beziehen. Die folgenden Wörter könnten dabei nützlich sein: *place an ad* – eine Anzeige aufgeben, *post something on Facebook™ or Twitter™* – auf Facebook™ oder Twitter™ posten, *put up a note on the noticeboard in my local supermarket* – eine Zettel am Aushang im örtlichen Supermarkt aushängen.

Hinweis

– Zur Beantwortung der Frage 3 kann es nützlich sein, nochmals daran zu erinnern, dass im *if-clause* kein *would* verwendet wird. Übernehmen Sie dazu eine einfache Regel an die Tafel: *if + past, would + infinitive*.

13 Round up

1. Erklären Sie, dass diese Aufgabe aus drei Teilen besteht. In Teil 1 machen sich die Teilnehmer mit der Aufgabenstellung und dem Erzählgerüst vertraut und notieren stichpunktartig ihre eigene *Helping hand*-Geschichte; in Teil 2 berichten sie darüber ihren Gruppenmitgliedern; in Teil 3 prämiert die Gruppe die beste Geschichte und berichtet diese der Gesamtgruppe. Geben Sie den Teilnehmern ausreichend Zeit, die Fragestellungen auf dem Notizzettel zu lesen und sich im ersten Teil der Aufgabe Notizen zu einer möglichen Geschichte zu machen. Neu ist in Frage 2 das Verb *take place*, dass Sie mit *happen* umschreiben können. Gehen Sie herum und unterstützen Sie wo nötig.
2. Beenden Sie den ersten Teil, wenn alle Teilnehmer eine Geschichte notiert haben. Bilden Sie Dreier- oder Vierergruppen. Die Teilnehmer erzählen sich ihre Geschichte innerhalb ihrer Gruppe und die Gruppe wählt dabei die beste Geschichte.
3. In einer Abschlussrunde erzählen die jeweiligen Gruppen ihre beste Geschichte der Gesamtgruppe. Dabei können die Gruppenmitglieder die Geschichte aufteilen oder das Vortragen dem Erfinder der Geschichte überlassen.

Erweiterung

4. Unter den Geschichten, die der Gesamtgruppe berichtet wurden, lässt sich nochmals die beste Geschichte prämieren. Vielleicht haben Sie die Möglichkeit, das Erzählen dieser Geschichte von dem Erfinder aufnehmen zu lassen oder eine Modelversion selbst aufzunehmen und allen Teilnehmern zukommen zu lassen?

Hinweis

– Bei einer lernschwächeren Gruppen kann es hilfreich sein, den ersten Teil der Aufgabe, das Notizen schreiben, als Hausaufgabe zu stellen, damit die Teilnehmer ausreichend Zeit haben, eine Geschichte zu recherchieren.

Ideenpool

▸▸ **Aufgabe 02**

1. Die Geschichte von Dominique Harrison-Bentzen ist eine reale Geschichte. Ermutigen Sie die Teilnehmer, etwas Recherche zu betreiben und Hinweise in der Presse zu googeln. Über eine einfache Namensuche finden sich zahlreiche Artikel in vielen britischen Zeitungen. Die Teilnehmer können in der folgenden Stunde zusätzliche Informationen zu der Aktion von Dominique berichten.
2. Nutzen Sie die Berichte der Teilnehmer, um Begriffe zum Thema *helping people* zu sammeln, z. B. *online campaign*, *sleeping rough*, *homeless man*, *charity*. Übernehmen Sie diese an die Tafel.

▸▸ **Aufgabe 08**

1. Zur Vertiefung des *past progressive* eignet sich folgende Übung: Schreiben Sie z. B. an: *When I came into the classroom (Sabine) was reading her homework and (Manfred) was typing something into this mobile phone.* Erklären Sie, dass zwei Teilnehmer nun den Raum verlassen. Während diese draußen warten, überlegen sich die Teilnehmer im Raum, welche Handlungen sie ausführen werden, wenn die Teilnehmer wieder hereinkommen, z. B. etwas Schreiben, auf und ab gehen, jemanden anrufen, Flipchart-Blätter sortieren, das Licht an- und ausschalten usw.
2. Rufen Sie die Teilnehmer wieder herein. Sie haben nun 30 Sekunden Zeit, sich anzuschauen, was die Teilnehmer im Raum tun. Anschließend kehren alle an ihre Plätze zurück. Die draußen gewesenen Teilnehmer berichten nun wie in dem Tafelbild, was sie gesehen haben, als sie den Raum betraten. Übernehmen Sie die Liste der Aktivitäten an die Tafel oder bitten Sie einen anderen Teilnehmer, dies zu tun.

Hausaufgaben

Extra Practice Reminder:

☐ p._____   No. _____ _____ _____

☐ p._____   No. _____ _____ _____

☐ p._____   No. _____ _____ _____

☐ _____

☐ _____

Absolutely delicious

Lernziele	• Essen und Kochen • Essengehen • Einladungen erteilen, annehmen und höflich ablehnen • Etwas berichten
Grammatik	• Indirekte Rede
Materialien	• Aufgabe 02: Kopiervorlage 7.1, eine Kopie pro Gruppe • Aufgabe 08: Kopiervorlage 7.2, eine Kopie pro Zweiergruppe

Picture

1. Übernehmen Sie den Titel der Unit an die Tafel. Das neue Wort *delicious* lässt sich mit einem Beispiel erklären: *I love apples. I think they are delicious.*
2. Die Teilnehmer sehen sich die oberen vier Fotos auf Seite 70 an. Fragen Sie z. B. *Which countries you think the food in these photos is from? Do you know any other dishes from these countries? Have you ever cooked this food yourself?* Sammeln Sie Ideen im Plenum.

01   Warm up

1. Ein Teilnehmer liest die erste Frage und den Text in der Sprechblase vor. Laden Sie den Teilnehmer ein, auch gleich eine Antwort zu geben und seinerseits eine andere Person zu befragen. Verfahren Sie so, bis alle Fotos einmal besprochen wurden.
2. Bitten Sie einen Teilnehmer, die zweite Fragestellung, und weitere drei Teilnehmer, die Texte in den Sprechblasen unten vorzulesen. Bei einer größeren Gruppe ab acht Personen können die Teilnehmer die Fragen mit einem Nachbarn besprechen; eine kleinere Gruppe kann im Plenum Erfahrungen austauschen. Gibt es Unterschiede in den Gewohnheiten je nach Alter oder Herkunft der Teilnehmer? Hat jemand in der Gruppe einen Geheimtipp für ein Restaurant?

02   Text

17

1. Lesen Sie die Anweisung und Fragestellung in der Randspalte vor. Neu ist das Wort *native*, das sich umschreiben lässt als *Native people are the people who first lived in a country.* Die Teilnehmer lesen anschließend den Text.
2. Spielen Sie anschließend die CD einmal ab. Helfen Sie bei Wortnachfragen. Fragen Sie abschließend nach der Antwort auf die Frage aus der Randspalte. Bestätigen Sie die richtige Nennung.

Lösung

It isn't cheap.

Erweiterung

7.1

3. Bilden Sie Zweier- oder Dreiergruppen und verteilen Sie eine Kopiervorlage 7.1 pro Gruppe.
4. Die Gruppen setzen die Wörter in den Lückentext ein und vergleichen anschließend ihre Lösungen mit dem Ausdrücken im Text. Die Aufgabe eignet sich auch als Hausaufgabe.

Lösung der Kopiervorlage

1 from; 2 usual; 3 with; 4 slice; 5 at; 6 variety; 7 ingredients; 8 place; 9 in; 10 On; 11 for

Hinweis

– Achtung: Es heißt zwar im Deutschen ‚im Großen und Ganzen' oder ‚im Allgemeinen', im Englischen aber *on the whole* und nicht ~~*in*~~ *the whole*.

Background

Das *Smithonian Museum of the American Indian* verfügt über eine interessante Webseite, auf der auch spannende Videos zu Geschichte und lebendigen Traditionen der *American Indians* zu sehen sind: www.nmai.si.edu.

03   Talk about the text

1. Die Teilnehmer lesen die erste Frage durch und suchen die Informationen im Text. Dazu können sie sich mit einem Nachbarn besprechen. Die Teilnehmer lesen anschließend die Fragestellung mit ihren Lösungen in Sitzreihenfolge vor. Bestätigen Sie die richtigen Lösungen.

Lösung

the side dishes tasted fantastic: Kelly; there was a variety of dishes: reporter; frybread was a traditional Native American food: Kim; the pie and coffee didn't cost much: Frasier

vegetables, fruits & nuts	meat, fish and seafood
corn	buffalo
beans	deer
squash	rabbit
pumpkin	duck
wild rice	goose
(sweet) potatoes	turkey
tomatoes	salmon
peppers	seal
peanuts	whale
papayas	
avocados	

2. Zur Bearbeitung der zweiten Frage sammeln Sie das neue Vokabular in 02 an der Tafel in den Kategorien links. Bitten Sie die Teilnehmer, Ihnen Wörter aus dem Text mit der dazugehörigen Kategorie zu nennen. Übernehmen Sie die Nennungen an die Tafel. Alternativ kann auch ein Teilnehmer das Anschreiben übernehmen. Ihr Tafelbild könnte aussehen wie links:

3. Bitten Sie einen Teilnehmer, die Frage 2 vorzulesen. Diskutieren Sie den zweiten Teil der Frage *Which have you eaten?* in der Gruppe und fragen Sie nach *Where have you eaten this? Was is at a special event?* Sollten einige Teilnehmer außergewöhnliche Lebensmittel schon einmal probiert haben, können die folgenden Wörter zur Beschreibung des Geschmacks nützlich sein: sauer – *sour*, bitter – *bitter*, mild – *mild*, wenig Geschmack – *bland*, scharf – *hot*, erfrischend – *fresh*. Kennzeichnen Sie die Nahrungsmittel im Tafelbild, die die Teilnehmer schon einmal probiert haben.

4. Die Teilnehmer lesen die Frage 3 durch und besprechen sich mit einem Nachbarn. Sammeln Sie Antworten auf Zuruf.

Erweiterung nach 3.

4. Vielleicht haben Sie die Möglichkeit, unbekanntere Lebensmittel wie *papayas* oder *squash* gemeinsam online nachzuschauen oder vor der Stunde Bilder auszudrucken?

5. Erweitern Sie die Frage, indem Sie nachforschen *What would you try if you were in this restaurant? Have you ever tried any other native dishes?*

04 Now you

1. Nutzen Sie die vier Fragen der Aufgabe für eine Diskussion im Plauderton. Die Teilnehmer schließen dazu die Bücher. Lesen Sie die erste Fragestellung vor und fragen Sie einen ersten Teilnehmer nach seiner Meinung. Geben Sie dann die Beantwortung der Fragen an die Gruppe weiter. Lesen Sie für die erste Frage auch den Text aus der linken Sprechblase unterstützend vor.

2. Verfahren Sie ebenso mit den Fragen 2–4. Lesen Sie für Frage 4 den Text aus der Sprechblase rechts vor. Ermutigen Sie die Teilnehmer dazu, landestypische Gerichte nicht nur zu benennen, sondern dem ausländischen Besucher auch zu beschreiben. Fragen Sie dazu nach *What is (paella) made from? What is its main ingredient? What does it taste like?*

05 LANGUAGE

▶ Grammatikseite 143

1. Erklären Sie, dass es mit *reported statements* in dieser *Language Box* darum geht, zu berichten, was jemand anderes gesagt hat. Bitten Sie drei Teilnehmer, die drei Beispiele vorzulesen.

2. Ermutigen Sie die Teilnehmer, die Regeln für die Zeitenverschiebung in den *reported statements* selber zu entdecken. Weisen Sie darauf hin, dass die Zeitenverschiebung nur dann stattfindet, wenn das ‚Verb des Berichtens' in einer Vergangenheitszeitform steht. Sie können dazu auch die Grammatikerläuterungen auf Seite 143 zu Rate ziehen.

06 Practice

1. Die Teilnehmer machen sich mit der Aufgabenstellung vertraut und füllen die Lücken jeder für sich aus.

2. Vergleichen Sie abschließend die Lösungen, indem die Teilnehmer die Sätze in Sitzreihenfolge vorlesen.

Lösung

2 didn't eat; 3 wasn't; 4 used; 5 didn't like; 6 chose; 7 didn't usually drink

07 LANGUAGE

▶ Grammatikseite 144

Erweiterung

1. Die Teilnehmer lesen die beiden Beispiele durch. Fragen Sie nach: *Look at the statements on the left and on the right. What is the main difference?* Sammeln Sie Nennungen in der Gruppe.
2. Erklären Sie, dass es hier um das Umwandeln von Fragen in *reported statements* geht. Weisen Sie daraufhin, dass eine Frage in der indirekten Rede zum Aussagesatz wird. Ansonsten gelten dieselben Regeln wie bei Aussagesätzen.
3. Weisen Sie daraufhin, dass Ja/Nein-Fragen/Entscheidungsfragen in der indirekten Rede mit *if* eingeleitet werden. Sie können dazu auch die Grammatikerläuterungen in Teil C auf Seite 144 zu Rate ziehen.
4. Übernehmen Sie einige Fragen, orientiert an Aufgabe 04, zur Vertiefung an die Tafel.

> Do you ever eat in a restaurant?
> What is the food like in motorway service stations?
> Where would you take a visitor from abroad?

5. Bitten Sie die Teilnehmer, diese in eine *reported question* zu verwandeln. Übernehmen Sie die richtige Nennung auf Zuruf an die Tafel.

Lösung

She asked me if I ever ate in a restaurant.; He wanted to know what the food was like in motorway service stations.; She wondered where I would take a visitor from abroad.

---

08 Practice

1. Bitten Sie einen Teilnehmer, das Beispiel 1 vorzulesen. Klären Sie Verständnisfragen. Die Teilnehmer vervollständigen anschließend die Sätze und können sich dabei mit einem Nachbarn besprechen.
2. Vergleichen Sie die Ergebnisse, indem die Teilnehmer die Sätze in Sitzreihenfolge vorlesen.

Lösung

2 sold; 3 had to; 4 closed; 5 were; 6 thought of

Erweiterung

3. Bitten Sie die Teilnehmer, die *reporting verbs* in den Aufgaben 06 und 08 zu markieren. Übernehmen Sie diese per Zuruf an die Tafel. Die Teilnehmer können die Sammlung neben den *Language Boxes* 05 und/oder 07 notieren. Bitten Sie die Teilnehmer, noch weitere Verben zu finden, die vorher Gesagtes ausdrücken, z. B. *inform, explain, know, believe*. Die Sammlung kann hilfreich für die Aufgabe 09 sein.

Beispiellösung

she said; she told us; he thought; she asked; we wondered; we wanted to know

Erweiterung

7.2

3. Verteilen Sie eine Kopiervorlage 7.2 pro Zweiergruppe. Geben Sie den Gruppen Zeit, sich Inhalte für die Sprechblasen in direkter Rede zu überlegen. Zeichnen Sie währenddessen zwei große Sprechblasen nebeneinander an die Tafel.
4. Eine erste Zweiergruppe berichtet als *reported statement*, was ihre Person sagt. Die Zuhörer wandeln dies wieder in die direkte Rede zurück. Übernehmen Sie korrekte Umwandungen in die Sprechblase an der Tafel. Verfahren Sie ebenso mit der zweiten Sprechblase.

5. Anschließend liest die nächste Gruppe ihre Sprechblasentexte in indirekter Rede vor und die Zuhörer wandeln zurück und so fort.
6. Prämieren Sie in einer Abschlussrunde die gelungensten Sprechblasentexte.

---

09 Practice

1. Übernehmen Sie zur Einführung in die Aufgabe folgendes Bild an die Tafel.

> Is there a nice café near the VHS?
> Do you know a nice café near here?

2. Erläutern Sie nochmals, dass sich berichtete Ja/Nein-Fragen in einen Satz mit *if* verwandeln. Erweitern Sie Ihr Tafelbild:

> She asked   if there was a nice café near the VHS.
> He wondered   if I knew a nice café near here.

3. Die Teilnehmer führen anschließend die Aufgabe jeder für sich durch.
4. Vergleichen Sie die Lösungen. Geben Sie der Gruppe Zeit zum Kommentar bevor Sie abschließend bestätigen oder verbessern.

Lösung

1 asked if / was; 2 said / didn't / have; 3 asked if / wanted; 4 asked if / sold; 5 said / didn't open; 6 asked / if / ate

Hinweis

– Bei einer Gruppe mit mehr als 15 Personen können Sie die Spielzeit verkürzen, indem Sie fünf Mal „weiterflüstern" lassen. Dann beginnt der nächste Teilnehmer mit einem neuen Satz.

---

10 Now you

1. Bitten Sie einen Teilnehmer, die Fragestellung in der Aufgabe vorzulesen. Zwei weitere Teilnehmer lesen die Texte der Sprechblasen vor. Achtung: In der linken Sprechblase wird das *present perfect* im Gegensatz zum *simple past* verwendet. Bitten Sie die Teilnehmer, bei Bedarf noch einmal die Regel für die Anwendung zu rekapitulieren. Dazu können Sie auch die Signalwörter benennen lassen.
2. Anschließend suchen sich die Teilnehmer einen Partner im Raum und berichten sich gegenseitig. Bei einer kleinen Gruppe mit bis zu sechs Personen kann sich jeder Teilnehmer nacheinander mit zwei Partnern austauschen. Unterstützen Sie bei Wortnachfragen.
3. Beenden Sie die Runde, indem Sie die Teilnehmer auffordern, über ein Gespräch zu berichten. Erinnern Sie dabei nochmals an die unterschiedlichen *reporting verbs*, die die Teilnehmer bei den *Language Boxes* 5 und 7 gesammelt haben. Sammeln Sie dabei neue Wörter, die die Teilnehmer verwenden haben, an der Tafel. Nützliche Wörter könnten sein: *bad service* – schlechte Bedienung; *watery* – wässrig; *oversalted* – versalzen; *lukewarm* – lauwarm; *tough/chewy* – zäh (Fleisch).

11 Wordpower

1. Geben Sie den Teilnehmern Zeit, die Wörter in dem ersten Kasten zu lesen.
2. Erläutern Sie, dass diese Wörter ein Adjektiv verstärken, wobei von der ersten zur dritten Zeile der Grad der Verstärkung zunimmt. Stellen Sie die Verstärkung pantomimisch mit einem einfachen Beispielsatz dar, z. B. *The curry I had was **a bit** hot. It was **pretty** hot. It was **very** hot.*
3. Anschließend lösen die Teilnehmer die Aufgabe jeder für sich. Vergleichen Sie die Lösungen, indem die Teilnehmer in beliebiger Reihe ihre Lösungsvorschläge vorlesen. Verbessern Sie wo nötig.

Lösung

1 rather nice; 2 completely crazy; 3 pretty expensive / absolutely awful; 4 really boring / quite interesting; 5 a bit late / extremely busy; 6 a little tired / very well

Hinweis

– Sie können die Wörter in dem zweiten Kasten für eine Hausaufgabe nutzen. Bitten Sie die Teilnehmer dazu, eigene neue Sätze zu bilden. Vergleichen Sie in der nächsten Stunde durch Vorlesen.

12 Listening

18

1. Lesen Sie die Anweisung und die Frage in der Randspalte vor. Neu ist der Begriff *by chance*, den Sie so umschreiben könnten: *Something that happens unplanned happens by chance.*
2. Im ersten Schritt spielen Sie die CD einmal ab. Die Teilnehmer versuchen beim Zuhören die Antwort auf die Frage in der Randspalte zu finden.
3. Fragen Sie nach möglichen Antworten auf die Frage. Übernehmen Sie die korrekte Antwort an die Tafel.

Lösung

They decide to go for an Italian meal together.

4. Im zweiten Schritt geben Sie den Teilnehmern Zeit, die Sätze durchzulesen. Klären Sie Wortnachfragen. Neu ist u. a. der Ausdruck *I'm supposed to be…* Erklären Sie den Ausdruck, indem Sie z. B. sagen *When I'm supposed to be at the English course, I should be there.* Weisen Sie gegebenenfalls daraufhin, dass auf *be supposed to* immer ein Infinitiv folgt.
5. Spielen Sie die CD erneut ab. Die Teilnehmer kreuzen dabei die Lösungen an.
6. Vergleichen Sie die Lösungen durch Vorlesen in Sitzreihenfolge.

Lösung

1 A; 2 A; 3 B; 4 B; 5 A

Background

take a rain check = say no to an offer or invitation but also that you might accept it at a later date. Das Idiom stammt ursprünglich aus dem Baseball. Wenn ein Spiel wegen schlechten Wetters ausfiel oder abgebrochen wurde, stellte man den Zuschauern einen *rain check* aus, der sie zu einem späteren Termin zu freiem Eintritt berechtigte.

Transcript

J = Joe
A = Alfie

18

J   Alfie? Alfie Lascelles? Is it really you?

A   Joe – gosh! Long time, no see.

J   Great to see you. How are you?

A   I'm good, thanks. Yeah, and look at you – you're looking great.

J   Thank you! What are you doing in town? Are you working here in Seattle again?

A   No, no, I'm still in the UK. Based in London. I'm just here for a week or so.

J   And you didn't tell me you were coming – bad Alfie!

A   Sorry, sorry. I've been so busy and … it's been a long time and well, it's kind of strange to be back.

J   Listen, we must get together. Are you doing anything this evening?

A   Yes, I'm afraid so. I have to work.

J   I can get us some theatre tickets … I know you love the opera. How do you fancy going to the theatre tomorrow?

A   That's very sweet of you, but actually I'm doing something else tomorrow.

J   Would you be interested in going any other evening? It's Don Giovanni – wonderful reviews.

A   Well, I'd love to, but I'm already going to see that next weekend. Some people from the office have arranged it, got me a ticket and everything.

J   I see. Well, would you like to go out to dinner? How about going to the Seastar Seattle? It's that place in downtown Seattle, seafood at its best.

A   I wish I could but … I can't eat seafood. I'm allergic to it. Don't you remember, Joe?

J   Sure. Sure I do. Sorry.

A   Look, this week is no good. I've got lots of appointments.

J   What about next week?

A   I'm really sorry but I don't think I can. I have to work but …

J   Let's take a rain check, OK?

A   OK.

J   Do you still have my number? Here, take my card. Give me a call.

A   All right, I will.

J   Good. Be sure to call …

A   Yup …

J   Hello? Alfie? Hi!

A   Yes, hi Joe, it's me. Er … you know I said I was busy. Well, I've just heard that I've got the evening off.

J   Yeah?

A   Well, I was just wondering if you would like to meet up … for a drink, perhaps?

J   Tonight?

A   If you're free.

J   Sure, what time?

A   Well, I haven't eaten yet so …

J   Do you want to try a really cool place to eat? It's called Bizzarro. They serve delicious Italian food, and it's a cell phone free zone. In fact you actually have to pay them if your phone rings!

A   So we won't get any work calls? What a great idea. That sounds lovely.

J   Excellent! It's on N 46th Street – would you like me to come by and pick you up?

A   No, that's very kind of you but I'll find it, thank you. When should I be there?

J   I'll book a table for seven – is that good for you?

A   Yes, that's fine with me. See you there, then.

J   Looking forward to it, Alfie.

A   Hmm. Me too.

13 Now you

1. Geben Sie den Teilnehmern Zeit, die Fragestellungen und die Texte in den Sprechblasen durchzulesen. Klären Sie Verständnisfragen.
2. Bilden Sie drei Gruppen und teilen Sie jeder Gruppe eine Frage zu. Dabei ist es nicht notwendig, dass alle Gruppen gleich groß sind. Jede Gruppe diskutiert „ihre" Frage unter sich. Geben Sie jeder Gruppe die Aufgabe, ihre Meinungen so vorzubereiten, dass sie sie der Gesamtgruppe vorstellen können.
3. Anschließend stellen die Gruppen in beliebiger Reihenfolge ihre Meinungen vor.

Hinweis

– Achtung: Deutsche Lerner neigen dazu, das deutsche ‚allergisch **gegen** etwas sein' mit *to be allergic* ~~*against*~~ zu übersetzen.

Erweiterung vor Aufgabe 14

4. Nutzen Sie das Transkript auf Seite 152–153 zum Sammeln von Redemitteln. Übernehmen Sie dazu die Überschriften aus dem Tafelbild. Fordern Sie die Teilnehmer auf, das Transkript für 2–3 Minuten nach Ausdrücken zu durchforsten, die zu den Kategorien an der Tafel passen.
5. Sammeln Sie Nennungen auf Zuruf und bitten Sie die Teilnehmer, diese an der Tafel einzutragen. Ihr Tafelbild könnte am Schluss so aussehen.

suggesting to meet	agreeing to meet	disagreeing to meet
We must get together…	I'd love to-.	I'm afraid … I have to work.
Are you doing anything…?	Sure.	Actually, I'm doing something else…
How do you fancy going to …?	What a great idea!	I'd love to, but …
Would you be interested in …?	That sounds lovely.	I'm already going to …
How about going to …	That's fine with me.	I wish I could, but …
What about next week?	Looking forward to it.	Let's take a rain check, shall we?
I was just wondering if you …		

Fordern Sie die Teilnehmer auf, aus jeder Kategorie zwei Ausdrücke für sich auszuwählen, die sie notieren, um sie später in Aufgabe 14 erneut zu verwenden.

6. Spielen Sie die CD abschließend noch einmal ab und fordern Sie die Teilnehmer auf, insbesondere diese Redemittel zu erhören.

14 Round up

1. Diese Aufgabe bearbeiten die Lernenden in zwei Schritten. Bitten Sie einen Teilnehmer, im ersten Schritt die Anweisung in der Randspalte vorzulesen. Anschließend lesen die Teilnehmer mit einem Nachbarn die Vorschläge auf den „Notizzetteln" in der Aufgabe durch und ergänzen diese durch eigene. Unterstützen Sie bei Wortnachfragen.
2. Im zweiten Schritt machen sich die Teilnehmer mit dem zweiten Teil der Aufgabe einschließlich der Sprechblasentexte vertraut. Neu ist das Verb *join someone*, das sich z. B. mit *to share an activity with somebody* umschreiben lässt. Geben Sie den Zweiergruppen einige Minuten Zeit, sich eine konkrete Einladung zu überlegen.
3. Anschließend suchen sich die Zweiergruppen aus dem ersten Teil eine weitere Zweiergruppe im Raum und verfahren wie in der Anweisung.

4. Beenden Sie die Aufgabe, wenn alle Zweiergruppen mindestens einmal einge-laden wurden und einmal abgelehnt haben.
5. Sammeln Sie in einer Abschlussrunde im Plenum so viele „Ausreden" wie möglich.

Ideenpool

▸▸ **Aufgabe 06**

1. Bitten Sie die Teilnehmer, sich jeweils ein oder zwei Sätze im *simple present* zum Thema Essen zu notieren, z. B. *I always eat fish on Friday.*
2. Erklären Sie, dass es darum geht, *reported statements* zu bilden. Bitten Sie einen ersten Teilnehmer, Ihnen seinen Satz zu nennen und verwandeln Sie diesen mit *He/She said that …* Geben Sie dann Ihrerseits einen eigenen notierten Satz an den nächsten Teilnehmer in Sitzreihenfolge weiter, der seinerseits den Satz in *reported speech* verwandelt und seinen Satz zur Umwandlung an den nächsten Teilnehmer weitergibt. Unterstützen Sie bei Schwierigkeiten, indem Sie die Sätze gegebenenfalls an die Tafel übernehmen und verbessern.

▸▸ **Aufgabe 08**

1. Hier lässt sich gut die gleiche Fragerunde mit beliebigen Fragen wie im Ideenpool zu Aufgabe 06 durchführen.
2. Die Teilnehmer können sich die Fragen als Hausaufgabe zur Vertiefung in der nächsten Stunde notieren.

Hausaufgaben

Extra Practice Reminder:

☐ p._____   No. _____ _____ _____

☐ p._____   No. _____ _____ _____

☐ p._____   No. _____ _____ _____

☐ _____

☐ _____

Lernziele

Mode beschreiben können; Produktionsabläufe darstellen

1. Das dritte Video des Kursbuches befasst sich, passend zur Unit 5, mit dem Thema Modedesign. Sofern Sie die Möglichkeit haben, bringen Sie zum Einstieg einige Bilder aus gängigen Modezeitschriften mit. Vergessen Sie dabei nicht die Herrenmode! Bringen Sie die Bilder für alle gut sichtbar an und bitten Sie die Teilnehmer, die Kleidungsstücke zu beschreiben. Nützliches Vokabular findet sich in der Wortliste für Unit 5. Fragen Sie nach: *Could you make any of these clothes yourself? Did your grandmother still make clothes herself?*

2. Erklären Sie *We're now going to watch a video in which you will be shown how clothes are designed.* Spielen Sie das Video (Film 3) ohne Untertitel einmal ab. Sammeln Sie erste Eindrücke.

3. Bitten Sie dazu die Teilnehmer, beim zweiten Anschauen des Films genau auf den Herstellungsprozess zu achten. Übernehmen Sie folgende Schritte an die Tafel.

> 1) do research
> try the mock-up on a model
> choose the final design for the paper pattern
> create a mock-up
> make necessary changes to the paper pattern
> send the paper pattern and the fabric to India
> do some initial drawings in a sketchbook
> 8) get the material back from India and cut it out in the studio

Spielen Sie das Video ein drittes Mal ab von 02:12 bis 5:09.

4. Fragen Sie die Teilnehmer anschließend: *Do you remember how the jacket was made? Can you put the steps in the right order?* Sammeln Sie Nennungen und übernehmen Sie die Zahlen an die Tafel. Ihr Tafelbild könnte zum Schluss so aussehen:

> 1) do research
> 5) try the mock-up on a model
> 3) choose the final design for the paper pattern
> 4) create a mock-up
> 6) make necessary changes to the paper pattern
> 7) send the paper pattern and the fabric to India
> 2) do some initial drawings in a sketchbook
> 8) get the material back from India and cut it out in the studio

5. Stellen Sie abschließend die Frage: *Where does Jennifer present her clothes?* Sammeln Sie Antworten auf Zuruf: *at fashion shows and online.*

6. Wenn Sie die Möglichkeit haben, besuchen Sie die Internetseite von Jennifer Morris unter www.jennifermorris.org und schauen Sie sich mit den Teilnehmern die neuste Kollektion an. Übernehmen Sie hierzu die Diskussionsfrage aus den Videoexercises auf Seite 132.

Hinweise

– Auf Seite 131/132 finden Sie die *Video Exercises*, die eigenständig während der Stunde oder zu Hause gelöst werden können. (Lösung *1 B; 2 C; 3 A; 4 B; 5 C; 6 B*)
– Die Extra-Aufgabe eignet sich alternativ gut als Hausaufgabe in Vorbereitung für die nächste Stunde.

Consolidation

8

Consolidation Units bieten Ihnen die Möglichkeit, Wortschatz und Grammatik aus den vorangegangenen Units zu vertiefen, aufzufrischen und zu erweitern.

Lernziele

- Wiederholen und Vertiefen der Lernziele aus Unit 5–7
- Über Kaufen und Verkaufen sprechen

Materialien

- Aufgabe 07: Kopiervorlage 8.1, ausschneiden
- Ideenpool: Internetzugang

Picture

1. Die Teilnehmer sehen sich die Bilder an.
2. Fragen Sie zum Einstieg: *Do you know anything about the objects in the pictures? Have you ever seen anything as valuable as this?* Sammeln Sie Antworten im Plenum.

Background

- Die British Guiana Briefmarke ist der zweitteuerste Fehldruck der Welt. Die Briefmarke wurde 1872 von einem 12-jährigen Jungen auf einem Brief seines Onkels gefunden.
- Paul Cézanne (1839–1906) ist ein französischer Maler. Zu seinen bekanntesten Werken gehören u. a. die Landschaftsbilder um das Gebirge Montagne Sainte-Victoire.
- Von dem Ferrari 250 GTO wurden nur 36 Modelle gebaut. Alle sind noch erhalten.

01 Warm up

1. Die Teilnehmer lesen die Fragestellung durch. Klären Sie Wortnachfragen.
2. Besprechen Sie die erste Frage im Plenum.
3. Die zweite Frage können die Teilnehmer mit einem Nachbarn besprechen, bevor die Ergebnisse in der Gruppe verglichen werden. Fragen Sie nach: *How many correct guesses did you have? Who had the most?*

Lösung

1 B; 2 D; 3 E; 3 A; 4 C

Erweiterung

4. Fragen Sie die Teilnehmer: *Have you ever heard about the sale or purchase of any other very expensive objects?* Als Beispiele können diese Gegenstände dienen, für die sich auch leicht Bilder googeln lassen: *BeefEater Barbecues's bedazzled grill covered in 24-carat gold at $ 165,000; a Chopard watch for women, 210 karat at $ 26 million; the latest hairless cat breed at $ 24,000 a kitten; the oldest daguerrotype camera at $ 775,000.*

Hinweis

– Neu ist u. a. der Ausdruck *sell at auction*, der im Gegensatz zum Deutschen ohne Artikel verwendet wird.

---

02 Texts

19

1. Zur thematischen Einstimmung in 02 übernehmen Sie die Begriffe *charity shop* und *donations* an die Tafel. Fragen Sie z. B. *Do you think there is a connection between valuable things and charity shops? Do you think many people donate valuable things?* Die Teilnehmer machen sich mit der Aufgabenstellung vertraut.
2. Spielen Sie anschließend die CD einmal ab, wobei die Teilnehmer den Text mitlesen. Klären Sie Wortnachfragen.
3. Fragen Sie, wer die Frage aus der Randspalte beantworten kann. Sammeln Sie Nennungen auf Zuruf. Bestätigen Sie korrekte Nennungen.

Lösung

In the first story John Richard, who bought a bag at a charity shop, was lucky. In the second story a charity shop was lucky.

Erweiterung

4. Spielen Sie anschließend die CD noch einmal ab. Die Teilnehmer können dazu, je nach Wunsch, den Text mitlesen oder bei geschlossenen Büchern zuhören.
5. Teilen Sie die Klasse in zwei Gruppen, wobei jeweils eine Gruppe einen Text übernimmt. Bitten Sie jede Gruppe, ihren Text nochmals durchzulesen, um den Inhalt dann bei geschlossenen Büchern der anderen Gruppe in eigenen Worten zu erzählen. Jede Gruppe wählt dabei einen Haupterzähler, der von den anderen Gruppenmitgliedern unterstützt wird. Die Zuhörer-Gruppe darf Nachfragen stellen.

Hinweis

– Das amerikanische Wort für *hair salon* ist *hairdresser's shop* oder *barber's shop*.

Background

Oxfam ist ein internationaler Verband von Hilfsorganisationen gegen Hunger weltweit. Der Name setzt sich aus *Oxford Committee for Famine Relief* (Oxford Komitee zur Hungerbekämpfung) zusammen, der Gründungsorganisation aus dem Jahr 1942. Weitere Informationen z. B. unter: www.oxfam.org.uk.

---

03 Talk about the texts

1. Die Teilnehmer lesen die Fragen 1–3 durch und suchen die Informationen im Text. Dazu können sie sich mit einem Nachbarn besprechen. Anschließend lesen sie die Fragestellung mit ihren Lösungen in Sitzreihenfolge vor. Bestätigen Sie die richtigen Lösungen. Für die Antwort auf Frage 3 können Wörter wie *embarassed* – verlegen, *disappointed* – enttäuscht oder *angry* – verärgert nützlich sein.

2. Die Fragen in 4 und 5 fragen nach den Meinungen der Teilnehmer. Die Frage 4 lässt sich gut im Plenum besprechen.

3. Nutzen Sie die Fragen in 5 für eine Gruppendiskussion. Bilden Sie dazu zwei Gruppen, die die Fragen zuerst innerhalb ihres Teams besprechen. Fordern Sie die Gruppen anschließend auf, ihre Meinung(en) der jeweils anderen Gruppe vorzustellen. Wo liegen große Unterschiede, wo Gemeinsamkeiten?

Lösung

1 In both stories someone handed in something valuable to a charity shop. In the first story the charity shop didn't realize that the item was valuable, in the second story it did. In the first story a customer got a large amount of money, in the second story a charity got a lot of money.; 2 The original price of the bag was £200. After it was given to the charity shop it was sold for £20 because Oxfam didn't know it was valuable. Then it was sold again for £350,000 when people realized it was very valuable.; 3 In the first story they were disappointed when they found out what the bag was worth. In the second story they were delighted when they found that the pot was worth so much money.

04 Now you

1. Die Teilnehmer lesen die erste Fragestellung durch und besprechen sich mit einem Partner. In einer kleinen Gruppe können sich die Teilnehmer dazu auch mehrere Partner im Raum suchen.

2. Die Teilnehmer machen sich mit der zweiten Fragestellung vertraut. Nutzen Sie diese Frage für ein Gruppengespräch. Für die Beurteilung von eBay™ könnten die folgenden Wörter nützlich sein: *unsafe, confusing, practical, inexpensive, quick*.

3. Lesen Sie die dritte Fragestellung vor. Neu ist hier der Ausdruck *sentimental value*. Fragen Sie zuerst die Teilnehmer danach, was dies sein könnte. Erklären Sie bei Bedarf z. B. *Something of sentimental value is something you like because it is important to you personally.* Nennen Sie wenn möglich ein persönliches Beispiel. Die Teilnehmer besprechen sich anschließend mit einem Partner. Sammeln Sie anschließend die Gegenstände, die die Teilnehmer genannt haben, in einer Plenumsrunde an der Tafel und fragen Sie jeweils nach: *Why is this object important to you?*

05 Practice

1. Diese Aufgabe wiederholt das Passiv in verschiedenen Zeitformen. Übernehmen Sie zur Wiederholung folgenden Satz an die Tafel:

> A lot of expensive watches <u>are made</u> in Switzerland.

2. Bitten Sie die Teilnehmer, andere Passivformen zu benennen, die sie erinnern. Übernehmen Sie diese auf Zuruf an die Tafel. Stellen Sie dabei per Nachfrage sicher, dass allen Teilnehmern die Zeitformen noch präsent sind. Ihr Tafelbild könnte dann so aussehen:

> A lot of expensive watches <u>are made</u> in Switzerland.
> A lot of expensive watches <u>were made</u> in Switzerland.
> A lot of expensive watches <u>have been made</u> in Switzerland.

Die Teilnehmer können sich zur Einstimmung nochmals den Grammatikteil der *Summary* in Unit 5 auf Seite 56 anschauen.

3. Die Teilnehmer lösen die Aufgabe anschließend jeder für sich und besprechen sich dann mit einem Nachbarn.

4. Vergleichen Sie abschließend die Lösungen, indem die Teilnehmer die Sätze in Sitzreihenfolge vorlesen.

Lösung

1 are sold; 2 is raised; 3 are donated; 4 was made; 5 was found; 6 was refused; 7 has been bought; 8 have been helped; 9 has been sold

Hinweis

– Weisen Sie bei Bedarf darauf hin, dass der Satz 7 gegebenenfalls auch im *simple past* stehen könnte. Da hier jedoch keine Zeitangabe in der Vergangenheit im Satz steht, ist dies nicht erforderlich.

06 Practice

1. Bearbeiten Sie diese Aufgabe in zwei Schritten. Die Teilnehmer machen sich mit der Aufgabe vertraut. Für den ersten Lückentext bietet sich als Wiederholung der Grammatikteil der *Summary* der Unit 6 auf Seite 66 an. Nutzten Sie das erste Beispiel dort zum *past progressive*, um an das Signalwort *when* für die *progressive*-Form zu erinnern. Vergleichen Sie abschließend die Lösungen, indem die Teilnehmer die Sätze in Sitzreihenfolge vorlesen.

2. Für den zweiten Teil der Aufgabe können Sie ebenfalls den Grammatikteil der Summary der Unit 6 auf Seite 66 nutzen. Zur Unterstützung übernehmen Sie das Tafelbild. Erläutern Sie, dass hier die Reihenfolge beschrieben wird, in der zwei Vorgänge in der Vergangenheit stattgefunden haben.

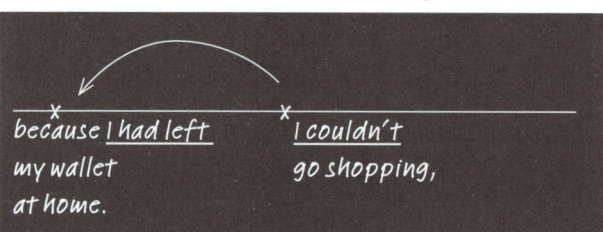

3. Anschließend lösen die Teilnehmer die Aufgabe jeder für sich. Vergleichen Sie auch hier die Lösungen wie in Schritt 1.

Lösung

1 was raining; 2 bought; 3 went; 4 didn't find; 5 was shining; 6 tried on; 7 didn't have; 8 came; 9 were; 10 had started; 11 realized; 12 had left; 13 got; 14 told; 15 had sold; 16 had already left; 17 walked; 18 didn't see

Hinweis

– Diese Aufgabe eignet sich auch als Hausaufgabe.

07 Practice

1. Die Aufgabe wiederholt *reported speech* aus Unit 7. Sie können die Regeln dazu mit einem einfachen Tafelbild wiederholen.

> "I *like* pumpkin pie."
> She *said* she *liked* pumpkin pie.
> "I *don't like* apple pie."
> She *said* she *didn't like* apple pie.

Erinnern Sie daran, dass sich das Verb in der *reported speech* nur dann in die Vergangenheitsform verwandelt, wenn das berichtende Verb in der Vergangenheit steht. Sie können dazu auch den Grammatikteil 10 auf Seite 143 zu Rate ziehen.

2. Ein Teilnehmer liest den ersten Beispielsatz vor. Anschließend lösen die Teilnehmer die Aufgabe jeder für sich und vergleichen abschließend durch Vorlesen in Sitzreihenfolge.

Lösung

2 An Oxfam spokesperson said they weren't very happy.; 3 John said his partner planned to open a hair salon.; 4 The staff said the pot looked very old.; 5 The manager asked if the pot was valuable.; 6 A reporter asked how the buyer felt.

Erweiterung

8.1

3. Schneiden Sie die Karten auf der Kopiervorlage 8.1 aus. Bei einer Gruppe mit mehr als 16 Personen schneiden Sie zwei Kopiervorlagen aus und vermischen Sie die Karten.

4. Sie selbst und jeder Teilnehmer ziehen eine Karte. Jeder Teilnehmer liest seine jeweilige Kartenfrage einem Nachbarn vor. Dieser notiert eine Antwort auf der Rückseite der Karte des Fragers und gibt die Karte zurück. Dabei darf er „schwindeln". Diese Antwort kann also richtig oder auch falsch sein.

5. Nachdem alle Antworten notiert wurden, geben Sie ein erstes Beispiel. Lesen Sie die Frage auf Ihrer Karte vor und berichten Sie in indirekter Rede von der Antwort, z. B. *I've asked Christian and he said that he was very allergic to chocolate.* Fragen Sie die Gruppe: *Do you think that's true?* Die Teilnehmer spekulieren nun, ob die Antwort geschwindelt ist oder nicht. Der befragte Teilnehmer gibt schließlich die korrekte Antwort. Der nächste Teilnehmer fährt fort mit seiner Fragekarte. Achten Sie dabei hauptsächlich auf korrekte *reported speech* Formen.

08 Listening

20

1. Im ersten Schritt lesen die Teilnehmer die Aufgabenstellung und die erste Frage mit den *multiple choice*-Antworten der Aufgabe durch. Klären Sie Wortnachfragen. Spielen Sie dann die CD einmal ab.

2. Fragen Sie anschließend die Gruppe nach ersten Eindrücken: *What was the radio appeal about?* Fragen Sie, ob jemand schon die Lösung auf die erste Frage gefunden hat. Bestätigen Sie korrekte Lösungen.

Lösung

by telephone; on the internet

3. Im zweiten Schritt machen sich die Teilnehmer mit den Fragen 1–6 vertraut. Stellen Sie sicher, dass allen die Bedeutung bekannt ist.

4. Spielen Sie die CD erneut ab. Die Teilnehmer können sich beim Zuhören Notizen zu den Fragestellungen machen.

5. Geben Sie allen die Gelegenheit, ihre Antworten mit einem Nachbarn zu besprechen, bevor Sie die Antworten durch freiwillige Nennungen sammeln. Bestätigen Sie korrekte Antworten. Bei Unklarheiten können Sie das Transkript auf Seite 154 nutzen.

6. Spielen Sie die CD abschließend bei Bedarf noch einmal ab.

Lösung

1 The charity wants to be able to send more wheelchairs to Africa.; 2 Because they often have to stay at home, and because their families want them to stay away from other people.; 3 He had malaria as a baby.; 4 He couldn't go out or to school and used to spend all day in bed.; 5 Now he goes to school.; 6 She has a new wheelchair and plays basketball.

Erweiterung

7. Personalisieren Sie die Aufgabe, indem Sie z. B. fragen: *Have you ever donated money to a charity that works in Africa? Who did you give the money to?* Ermutigen Sie Teilnehmer, über ihre Erfahrungen zu berichten.

Hinweis

– Achtung: *sympathy* entspricht in erster Linie ‚Mitleid/Mitgefühl'.

Transcript

20

Today I'd like to ask you to help our charity Wheelchairs for Africa. The charity has already given wheelchairs to over a thousand people in Africa, and we need your help to do even more in the future.

Life is not easy for disabled people in Africa. Many do not have wheelchairs, and they have to stay at home all the time. People do not always feel sympathy for disabled people, and they are not always well looked after. Often their families want them to stay away from other people. This means that many disabled people never go out and have no social life at all.

I'd like to tell you about Samuel, an eight-year-old boy who recently received a wheelchair from the charity. Samuel became disabled after he had malaria as a baby. He used to spend all day lying on his bed. There's a school near his home, but Samuel couldn't go there. He couldn't play outside with other children. Can you imagine what that was like? But Samuel's life has changed since we gave him a wheelchair and taught him to use it. Now Samuel goes to school every day and he loves it. He's behind the other children of course, but he's learning to read, and his teacher is very pleased with him.

If there was time, I could tell you about other children. There's Esther, a 13-year-old disabled girl who uses her new wheelchair to play basketball. And there are many others, both adults and children, that we can help. To do this we need more money. I'm asking you to donate now to Wheelchairs for Africa. You can do this on our website or by calling 0800 625 7799. Thank you for listening and please give what you can.

09 Picture

1. Lesen Sie die Informationen in der Randspalte vor. Neu ist das Wort *beggar*. Fragen Sie die Teilnehmer, ob sie das Wort aus dem Bild heraus erschließen können. Anderenfalls erläutern Sie, indem Sie z. B. sagen: *A beggar is a poor person who has to ask other people for money.*
2. Ein Teilnehmer liest die Frage 1 vor. Sammeln Sie Beschreibungen auf Zuruf. Nützliche Ausdrücke könnten sein: *a bearded man* – ein bärtiger Mann; *black coat* – schwarzer Mantel; *a hat* – ein Hut; *lean on a cane* – sich auf einen Stock stützen; *closed eyes* – geschlossene Augen.
3. Nützliche Ausdrücke für die Beantwortung von Frage 2 könnten sein: *feel sorry for somebody* – jemandem leidtun; *feel sympathy for somebody* – Mitleid für jemanden empfinden.
4. Die Frage 3 lässt sich gut vorerst mit einem Nachbarn besprechen, bevor sie in der Gruppe diskutiert wird.

Background

Ralph Hedley (1848–1913) wurde besonders bekannt durch seine realistischen Darstellungen des alltäglichen Lebens im Großbritannien seiner Zeit. Er war Mitglied der *Royal Society of British Arts*.

Ideenpool

▸▸ Aufgabe 03

1. Zu Frage 5: Nutzen Sie den ersten Text für eine schriftliche Aufgabe. Bitten Sie die Teilnehmer, sich in die Person John Richards zu versetzen. Aus dieser Perspektive schreiben Sie in Zweiergruppen eine E-Mail von nicht mehr als sechs Sätzen über den Fund der Tasche an einen Freund. Wie mag sich John Richard gefühlt haben? Was wird er berichten?
2. Die Zweiergruppen lesen anschließend ihre E-Mails vor. Welcher Text ist der Gruppenmeinung nach der beste Text? Bei einer Gruppe mit mehr zehn Personen bilden Sie größere Gruppen, um nicht mehr als fünf E-Mails zu erhalten.

▸▸ Aufgabe 04

1. Zu Frage 2: Sofern Sie während des Unterrichts Internetzugang haben, nutzen Sie die Gelegenheit, mit den Teilnehmern die englische Seite von eBay™ anzuschauen: www.ebay.co.uk.
2. Vielleicht gibt es etwas, wonach alle gemeinsam gerne suchen würden? Dies ist auch möglich, ohne ein Konto zu eröffnen. Je nachdem, welchen Gegenstand die Teilnehmer suchen möchten, sammeln Sie z. B. einige Adjektive, mit denen dieser beschrieben wird. Alternativ lassen sich auf eBay™ auch Beschreibungen von einem oder mehreren Gegenstände finden, die Sie ausdrucken und an die Teilnehmer verteilen können. Die Teilnehmer können den Gegenstand dann beschreiben und über den Preis spekulieren.

▸▸ Aufgabe 08

1. Übernehmen Sie diese Slogans an die Tafel:
   Give your share to show you care.
   Don't delay! Give today!
   No-one has ever become poor by giving.
2. Diskutieren Sie in der Gruppe diese Fragen: *Do you like these charity slogans? Why or why not? Which slogan has ever made you give a donation?*

▸▸ Aufgabe 09

1. Wenn Ihre Teilnehmer gerne weitere Gemälde besprechen möchten, sind die folgenden Bilder leicht zu googeln:
   Andy Warhole: *Dollar signs*
   Dagobert Duck: Geldhaufen
2. Drucken Sie die Bilder einfach vor der Stunde aus. Bilden Sie zwei Gruppen, verteilen Sie je ein Bild an eine Gruppe. Jede Gruppe bespricht ihr Bild auf Basis der Fragen 1 und 2 in Aufgabe 09. Alternativ besprechen Sie jeweils ein Bild in der ganzen Gruppe.

What have I learned in Units 5–8?

In dieser Rubrik können sich Ihre Teilnehmer selbst testen, ihren Lernstand überprüfen und eventuellen Übungsbedarf herausfinden.

Lösung

1 reduced; 2 suits; 3 had; 4 taken; 5 was; 6 donated; 7 if; 8 refused; 9 be; 10 been; 11 tastes; 12 are; 13 didn't; 14 was; 15 out

Whodunnit?

Lernziele	• Verbrechen und Kriminalität • Detektivromane und Krimiserien • Erfahrungen mit der Polizei • Zustimmung ausdrücken
Grammatik	• Fragen mit *who* • *so* und *neither*
Materialien	• Aufgabe 04: Karteikarten • Aufgabe 06: Kopiervorlage 9.1, eine Kopie pro Teilnehmer • Aufgabe 10: Kopiervorlage 9.2, eine Kopie pro Teilnehmer

Picture

1. Lesen Sie die Überschrift der Unit vor. Schreiben Sie an *Who has done it?* und erklären Sie, dass es sich bei der Überschrift um eine alltagssprachliche Kurzform zur Beschreibung von Krimis und Thrillern handelt. Anschließend schauen die Teilnehmer sich das Bild an. Fragen Sie z. B. *Where have you seen a picture like this before? What do you think of first when you see a picture like this?*
2. Sammeln Sie Spekulationen im Gruppengespräch.

01 Warm up

1. Die Teilnehmer lesen die Fragestellungen durch. Bitten Sie zwei Teilnehmer, die Sprechblasentexte vorzulesen. Klären Sie Verständnisfragen.
2. Die Teilnehmer beantworten die Fragen entweder im Gruppengespräch oder mit einem Nachbarn. Sammeln Sie genannte Titel von Serien oder Büchern an der Tafel, ermutigen Sie Tipps zu geben. Bitten Sie dabei die Teilnehmer, Redemittel wie z. B. *I prefer, In my opinion, I love/hate, I dislike* usw. zu verwenden.

Erweiterung

3. Wenn Sie die Möglichkeit haben, online zu gehen, schauen Sie sich mit den Teilnehmern gemeinsam eine britische Fernsehzeitung an. Eine Übersicht finden Sie z. B. unter http://tvguideuk.telegraph.co.uk/ oder googeln Sie einfach *TV guide UK*. Welche Serien und Filme kommen den Teilnehmern bekannt vor? Welche Titel klingen nach *crime series*? Welche Unterschiede zwischen britischen/amerikanischen und deutschen Serien können die Teilnehmer finden?

02 Text

21

1. Lesen Sie die Erläuterungen in der Randspalte und die Unterschriften zu den Fotos vor. Klären Sie Wortnachfragen.
2. Geben Sie den Teilnehmern anschließend Zeit, die Texte A–D durchzulesen und sich dazu mit einem Nachbarn zu besprechen.
3. Fragen Sie nach der möglichen Reihenfolge der Texte und sammeln Sie Vorschläge an der Tafel.
4. Spielen Sie anschließend die CD einmal ab. Die Teilnehmer vergleichen dabei die genannte Reihenfolge. Übernehmen Sie die korrekte Reihenfolge an die Tafel. Da die Teilnehmer gegebenenfalls nicht mit dem schottischen Akzent des Sprechers vertraut sind, spielen Sie die CD zur Vertiefung nochmals ab.

Lösung

B – A – D – C

Erweiterung

5. Bitten Sie die Gruppe, nach dem Lesen des Textes für die Teile A–D jeweils eine Überschrift zu schreiben, die sich alle Teilnehmer neben den Texten notieren können.

Die Reihenfolge der auf den Fotos dargestellten Polizisten entspricht auch der Hierarchie ihrer Dienstränge, wobei bei der Polizei das Wort *police* und bei der Kriminalpolizei der Begriff *detective* vorangestellt ist.

03 Talk about the text

1. Sie können die Fragestellungen auf unterschiedliche Art und Weise bearbeiten. Bilden Sie für die erste Frage Zweier- oder Dreiergruppen. Geben Sie den Gruppen einige Minuten Zeit, eine Antwort zu finden. Die Gruppen stellen anschließend nacheinander ihre Ermittlungsergebnisse vor.
2. Für die Beantwortung der zweiten Frage sammeln Sie Nennungen auf Zuruf. Fragen Sie nach *Where in the text did you find this?* Sammeln Sie Informationen über beide Personen an der Tafel.
3. Lesen Sie die dritte Fragestellung vor und geben Sie ein Beispiel einer *idiomatic expression* z. B. aus Unit 1 *Home is where the heart is.* Die Teilnehmer können den Text mit einem Nachbarn durchforsten und ihre Funde an der Tafel anschreiben. Am ungewöhnlichsten ist sicherlich *All fur coat and no knickers.* Fragen Sie nach *What do you think this means? Is there a similar idiomatic expression in German?* (z. B. ‚Außen hui und innen pfui'.)
4. Bitten Sie die Gruppen aus Aufgabe 1, sich einige Notizen zum möglichen weiteren Verlauf der Geschichte zu machen. Die Gruppen stellen abschließend ihre Ideen für einen Schluss vor.

Lösung

Erweiterung

5. Bilden Sie zwei Gruppen, die sich jeweils drei bis vier weitere Fragen für ein Fragequiz zu dem Text zu notieren. Geben Sie eine Vorgabe an der Tafel, z. B. *Where did the police find the gun?*
6. Die Gruppen stellen sich anschließend gegenseitig Fragen. Bei Unklarheiten in den Antworten sollte die jeweilige Gruppe die dementsprechenden Textstellen aufzeigen.

04 Now you

1. Bitten Sie einen Teilnehmer, die erste Frage und den Text in der hellgrünen Sprechblase vorzulesen. Diskutieren Sie Frage und Antwort im Plenum.
2. Ein zweiter Teilnehmer liest die zweite Frage und den Text in der dunkelblauen Sprechblase vor. Diskutieren Sie auch diese Frage im Plenum.
3. Bitten Sie nun einen Teilnehmer, die Frage 3 und die hellblaue Sprechblase vorzulesen. Die Teilnehmer stehen anschließend auf und gehen im Raum herum. Dabei sprechen sie mit mindestens zwei weiteren Teilnehmern und notieren sich Informationen zu deren Lieblingsfiguren. Beenden Sie das Herumgehen, wenn das Redeaufkommen nachlässt. Fordern Sie anschließend einen ersten Teilnehmer auf, über seine Funde zu berichten. Übernehmen Sie dabei die Figuren- und Seriennamen an die Tafel oder lassen Sie die Teilnehmer anschreiben, wenn Ihnen diese unbekannt sind.
4. Verfahren Sie mit Frage 4 und der orange-farbigen Sprechblase wie zuvor. Verteilen Sie an alle Teilnehmer Karteikarten. Die Teilnehmer unterhalten sich nun mit ihrem rechten und linken Nachbarn und notieren deren Anregungen. Bitten Sie anschließend jeden Teilnehmer, die beschriebenen Karteikarten mit Nadeln an einem Metaplan oder mit Tesafilm an einer Flipchart zu befestigen. Vielleicht haben Sie oder ein Teilnehmer die Möglichkeit, die Wand zu fotografieren und an alle Teilnehmer zu versenden, so dass alle Serien- und Literaturtipps für die Zukunft haben?

Downton Abbey ist eine sehr erfolgreiche britische Serie um die Geschichte der Adelsfamilie Crawley Anfang des 20. Jahrhunderts. 2011 gelang der Serie der Eintrag in das Guinness Buch der Rekorde als die von Kritikern am besten bewertete TV-Serie.

05 LANGUAGE

▶ Grammatikseite 142

1. Bitten Sie einen Teilnehmer, die Beispielfragen vorzulesen. Erklären Sie, dass mit der ersten Frage nach einem Subjekt gefragt wird. Die Antwort hat dieselbe Satzstellung wie die Frage. Übernehmen Sie dazu das Bild aus der Randspalte an die Tafel.

```
who          called McClusky?
DCI Angel    called McClusky.
```

```
Who did McClusky call?
           McClusky called her
     lawyer.
```

2. Vergleichen Sie die zweite Frage ebenfalls mit einem Tafelbild. Erklären Sie, dass hier nach einem Objekt gefragt wird. Erweitern Sie Ihr Tafelbild, indem Sie diese Erläuterung unter die erste schreiben. Verweisen Sie bei Bedarf auf die deutsche Übersetzung: Beginnt die Frage im Deutschen mit ‚wer', dann folgt kein Hilfsverb; beginnt die deutsche Frage mit ‚wen/wem', dann folgt *do/does* oder *did*.

3. Fordern Sie die Teilnehmer auf, den Text in 02 nach Fragen mit *who* zu durchsuchen. Die Teilnehmer notieren ihre Funde an der Tafel:

```
Who reported the shooting?
Who wants to know?
Who opened the passenger door?
Who saw him last?
Who called him?
Who did he call?
```

Fragen Sie nach *Which question is different from the others?* Bestätigen Sie korrekte Nennungen. Weisen Sie auf die Parallele zu der zweiten Frage in der *Language Box* hin. Sie können zur Vertiefung auch die Grammatikerläuterungen auf Seite 142 zu Hilfe nehmen.

4. Bitten Sie die Teilnehmer, zur Vertiefung noch zwei weitere Fragen mit *Who did … zu* stellen, die sich auf den Text beziehen. Übernehmen Sie zwei Fragen an die Tafel.

Beispielfragen

Who did PC Joyce see out of the corner of his eye?; What did PC Joyce see on the passenger seat?; What did Jean McClusky wear?

06 Practice

1. Die Teilnehmer machen sich mit der Aufgabenstellung vertraut. Zwei Teilnehmer lesen die Beispiele 1 und 2 vor. Erinnern Sie dabei bei Bedarf daran, dass *who* kein Hilfsverb folgt, wenn es ‚wer' heißt, in allen anderen Fällen jedoch schon.
2. Anschließend lösen die Teilnehmer die Aufgabe jeder für sich.
3. Vergleichen Sie abschließend durch Vorlesen in Sitzreihenfolge.

Lösung

3 Sorry, who saw him?; 4 Sorry, who thought it was suicide?; 5 Sorry, who did the detective interview?; 6 Sorry, who did she call?

Erweiterung

9.1

4. Verteilen Sie eine Kopiervorlage 9.1 pro Teilnehmer. Erklären Sie, dass die Aufgabe aus zwei Teilen besteht. Im ersten Schritt bilden die Teilnehmer Fragen aus den Vorgaben und fügen zwei eigene Fragen hinzu. Gehen Sie herum und unterstützen Sie wo nötig.
5. Bitten Sie die Teilnehmer anschließend, die Fragen in Sitzreihenfolge vorzulesen, um eventuelle Fehler zu korrigieren.
6. Im zweiten Schritt befragen die Teilnehmer einen Nachbarn und notieren die Antworten. Bitten Sie anschließend jeden Teilnehmer, eine Frage auszuwählen und die Antwort des Gesprächspartners zu berichten. Geben Sie dazu ein Beispiel: *My question to Michael was: Who is your favourite actor? It is Jan Josef Liefers.*

07 LANGUAGE

▶ Grammatikseite 141

1. Diese *Language Box* befasst sich mit bejahenden und verneinenden Kurz-antworten. Bitten Sie vier Teilnehmer, die Beispiele vorzulesen. Weisen Sie darauf hin, dass Kurzantworten auf positive Aussagen mit *so* beginnen, auf negative Aussagen dagegen mit *neither*. Dabei werden in den letzten drei Kurzantworten immer die Hilfsverben des Aussagesatzes wiederholt sofern vorhanden.

2. Erklären Sie, dass bei der Erwiderung auf Aussagen im *present simple do/does* und im *past simple did* verwendet werden. Übernehmen Sie die erste Aussage an die Tafel.

	+	–
I enjoy detective stories.	So do I.	Oh, I don't
She enjoys detective stories.	So does he.	Oh, he doesn't.

3. Fügen Sie dem Tafelbild einen weiteren Satz im *simple past* hinzu, z. B.

	+	–
I loved whodunnits.	So, did she.	Oh, they didn't.

4. Erklären Sie den Teilnehmern, dass die Kurzantworten mit *neither* beginnen, wenn im Satz eine verneinte Verbform steht. Bitten Sie einen Teilnehmer, den ersten Satz an der Tafel in eine negative Aussage umzuformen. Übernehmen Sie den Satz an die Tafel.

	+	–
I don't enjoy detective stories.		Neither, do I. / Neither does she.

5. Fragen Sie, ob ein Teilnehmer die Form im *simple past* in das Tafelbild einfügen kann, das dann so aussehen sollte:

	+	–
I didn't enjoy detective stories.		Neither did I, / Neither did she.

08 Practice

1. Die Teilnehmer machen sich mit Aufgabenstellung vertraut und vervollständigen anschließend die Sätze. Dabei können sie sich mit einem Nachbarn besprechen.
2. Vergleichen Sie die Ergebnisse, indem die Teilnehmer die Sätze in Sitzreihenfolge vorlesen.

Lösung

1 so is; 2 so has; 3 so did; 4 neither does; 5 neither do; 6 neither have

09 Now you

1. Erklären Sie, dass diese Partneraufgabe positive und negative Aussagen und Antworten darauf einübt. Für beide Aufgabenteile können die Lernenden die *Language Box* in 07 zu Hilfe nehmen. Geben Sie den Teilnehmern Zeit, die Sprechblasentexte der ersten Hälfte zu lesen und Verständnisfragen zu klären. Sammeln Sie anschließend noch weitere Themen an der Tafel, über die sich die

Teilnehmer austauschen könnten, z. B. *hobbies, traffic jams, household work, cleaning the windows, learning English vocabulary, my neighbour's dogs/cats, garden work, travelling* usw. Die Teilnehmer notieren zwei weitere positive Aussagen für die Partnerarbeit.

2. Anschließend lesen sich die Partner ihre Aussagen gegenseitig vor und antworten mit positiven oder negativen Kurzantworten.

3. Verfahren Sie mit dem zweiten Teil der Aufgabe wie in Schritt 1 und 2, wobei sich die Teilnehmer hier einen neuen Partner im Raum suchen, um die Aussagen auszutauschen.

---

10 Wordpower

1. Lesen Sie die Anweisungen in der Randspalte und die Wörter in dem Kasten vor.

2. Die Teilnehmer können vorerst versuchen, die Definitionen in Absprache mit einem Nachbarn zu finden, ohne dass Sie unbekannte Wörter erklären.

3. Vergleichen Sie die Lösungen, indem die Teilnehmer die Definitionen und Zuordnungen in Sitzreihenfolge vorlesen.

Lösung

2 A mugger; 3 A shoplifter; 4 A burglar; 5 A witness; 6 A murderer; 7 A suspect; 8 A victim.

Erweiterung

9.2

4. Verteilen Sie eine Kopiervorlage 9.2 pro Teilnehmer. Weisen Sie darauf hin, dass die Teilnehmer zum Lösen die Aufgabe 10 zu Hilfe nehmen können.

5. Die Teilnehmer lösen die Aufgabe in Absprache mit einem Nachbarn.

6. Vergleichen Sie die Lösungen durch Vorlesen im Plenum.

7. Bitten Sie anschließend die Teilnehmer, ihre eigenen Zeitungsüberschriften vorzulesen. Prämieren Sie die beste Überschrift.

Lösung der Kopiervorlage

1 entered; 2 taken/from; 3 seen; 4 attacked; 5 killed; 6 stolen; 7 hurt; 8 paying

Erweiterung zur Kopiervorlage

8. Bei einer schreibfreudigen Gruppe bis vier Personen regen Sie an, dass die Teilnehmer eine kurze Geschichte zu einer Überschrift schreiben. Diese sollte 100 Wörter nicht überschreiten. Wenn Sie die Möglichkeit haben, lassen Sie sich die Geschichten im Vorhinein zur Korrektur zusenden. Die Teilnehmer lesen ihre Geschichte dann in der nächsten Englischstunde vor. Bei einer Gruppe ab sechs Personen empfiehlt es sich, daraus ein gemeinsames Projekt während der Stunde zu machen. Die Teilnehmer können dabei den Text gemeinsam an der Tafel oder dem Smartboard anschreiben.

---

11 Listening

22

1. Bitten Sie einen Teilnehmer, die Anweisung in der Randspalte vorzulesen. Geben Sie den Teilnehmern Zeit, die Aussagen neben den Fotos durchzulesen. Klären Sie Verständnisfragen.

2. Spielen Sie die CD anschließend einmal ab.

3. Fragen Sie, wer schon jetzt die richtigen Aussagen herausgehört hat und bestätigen Sie richtige Nennungen. Spielen Sie bei Bedarf die CD ein zweites Mal ab.

Lösung

1 C; 2 A; 3 C

4. Im zweiten Teil der Aufgabe lesen die Teilnehmer die Fragen 1–5, bevor Sie die CD erneut abspielen.
5. Die Teilnehmer hören zu und können dann die Antworten auf die Fragen mit einem Nachbarn besprechen.
6. Abschließend nennen einzelne Teilnehmer ihre Antworten auf die Fragen. Korrigieren Sie wo nötig.

Lösung

1 They asked her to put sexy underwear on the washing line so they could catch the thief.; 2 She didn't have any sexy knickers.; 3 He was tall with a grey beard and wore glasses.; 4 He didn't want the witness to make a mistake and identify him.; 5 Richard didn't stop at the red light.

Hinweis

– Sie können alternativ zu Schritt 1 auch nach jedem einzelnen Abschnitt den entsprechenden Teil des Audios abspielen, bevor Sie zum nächsten Teil übergehen.

Transcript

22

My mother had a funny experience. Well, it wasn't that funny really but … what happened was, someone was going into the gardens in my mum's neighbourhood and stealing clothes, you know, underwear from the washing lines. She lives in a quiet street with long back gardens and as it was the summer, lots of people had their clothes hanging out to dry. And this burglar – well he wasn't really a burglar because he never entered the houses, only the gardens. Anyway, the police wanted to catch this thief so they asked my mother to put some sexy knickers on her line. They wanted to see who came to take them. Well my mum's over 80 so she didn't have any sexy underwear … and the thief never came back!

My story is about an identity parade. They call it a police line-up in the States – you see them on TV all the time. So OK, there is a witness to a crime, and the police have a suspect. And this suspect lines up in a special room, usually with a one-way mirror so the witness can't be seen. They ask people of similar size, hair colour, etc. to line up with the suspect. They can be actors, or prisoners, or volunteers … anyway, the man they suspected was as tall as me, had a grey beard and wore glasses so, they asked me to volunteer. You are allowed to say no, and so I said no. I knew that the crime was a serious one – it was murder … so I didn't want her to pick me by mistake!

This happened to a friend of mine, I'll call him Richard, a few years ago. He was using his credit card to get cash from an ATM when he was mugged – in the middle of the day, with people walking around, witnesses everywhere. This mugger had a knife and he used it – Richard was wearing a leather jacket so – thank God – the knife didn't kill him but he was badly hurt. What was even worse, no one came to help him. It was a very bad time for my friend. But OK, months later, he was out of hospital, and driving his car near where this had happened. The ATM was next to some traffic lights, and Richard – very unusually for him – didn't stop at the red light but drove straight through it. A traffic policeman on a motorbike stopped him seconds later. My friend told the policeman, "Sorry, I just wasn't thinking" as the policeman started to take his details on his digital device. Suddenly, the policeman looked up and said, "Ah I see you were mugged near here not so long ago, is that right sir?" And my friend answered "Yes, that's correct". And the policeman said, "OK, well, you take care now, sir." And he got back on his motorbike and drove away. And that was all.

---

12   Now you

1. Die ersten beiden Fragen dieser Aufgabe beziehen sich auf den dritten Text in Aufgabe 11. Die Teilnehmer lesen die Fragen und den Text in der grünen Sprechblase durch. Anschließend besprechen sie sich mit einem Nachbarn und vergleichen ihre Antworten anschließend im Gruppengespräch. Nützliche Wörter für Frage 1 können sein: abgelenkt – *distracted*; unachtsam – *headless* und für Frage 2 verständnisvoll – *sympathetic, understanding*.
2. Die Frage 3 ist eine offene Meinungsfrage. Bitten Sie einen Teilnehmer, die Frage vorzulesen. Sammeln Sie Meinungen auf Zuruf. Falls die überwiegende Mehrheit mit einem Ja antworten würde, können Sie die Frage auch erweitern und die Gruppe fragen *What reason might there be not to take part in an identity parade?*
3. Die Frage 4 fragt nach eigenen oder berichteten Erfahrungen der Teilnehmer. Bitten Sie einen Teilnehmer, die Frage und den Text in der blauen Sprechblase vorzulesen. Sammeln Sie mögliche Geschichten im Gruppengespräch oder indem die Teilnehmer im Raum herum gehen und ihre Erfahrungen mehreren Partnern berichten.

Hinweise

- Sollten Sie mit einer weniger sprechfreudigen Gruppe arbeiten, geben Sie den Teilnehmern Zeit, für Frage 4 einige Notizen zu machen, bevor alle ihre Erfahrungen berichten.
- Sie können Frage 4 auch als schriftliche Hausaufgabe nutzen.

---

13   Round up

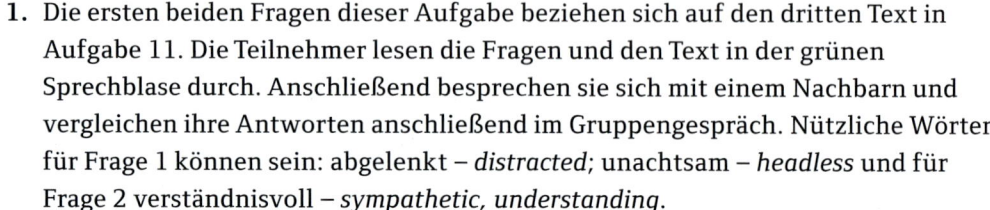

What crime?
Where?
When? What time?

1. Aufgabe 13 ist ein Detektivspiel. Es empfiehlt sich, mit den Teilnehmern zuerst die gesamte Aufgabenstellung durchzulesen. Dazu können vier Teilnehmer die einzelnen Schritte vorlesen. Klären Sie Verständnisfragen.
2. Brainstormen Sie anschließend ein mögliches Verbrechen, auf das sich alle einigen können. Übernehmen Sie die Details dazu an die Tafel.
3. Sie benötigen nun zwei Verdächtige, die den Raum verlassen und ihr gemeinsames Alibi erarbeiten. Stellen Sie sicher, dass es sich dabei um sprechfreudige und -sichere Teilnehmer handelt, denn die Verdächtigen werden anschließend einzeln befragt.
4. Brainstormen Sie mit der Gruppe Fragen, die die Detektive stellen werden. Übernehmen Sie mögliche Fragen an die Tafel, die die Teilnehmer auf den Notizzettel im Buch übertragen, denn sie benötigen die Fragen im Anschluss für die Gruppenarbeit.
5. Bilden Sie zwei Gruppen von Detektiven und fragen Sie anschließend die zwei Verdächtigen, ob sie mit der Ausarbeitung des Alibis fertig sind. Diese kommen zurück und jeweils ein Verdächtiger wird von einer Gruppe der Detektive mit Hilfe des Notizzettels befragt. Dies sollte gleichzeitig, möglichst an zwei Orten in Raum, geschehen.

6. Nach Abschluss der Befragung vergleichen die Detektivgruppen die Antworten ihrer Verdächtigen. Es empfiehlt sich nach der Reihenfolge der Fragen auf dem Notizzettel vorzugehen. Übernehmen Sie die Antworten gegebenenfalls in das Tafelbild aus 2. Welche Antworten machen die *suspects* besonders verdächtig?

Hinweise

– Weisen Sie bei Bedarf nochmals auf die Struktur der indirekten Rede hin.
– Sollten sich die beiden Verdächtigen nicht in Widersprüche verwickeln, sind sie nicht automatisch unschuldig, sondern haben sich eventuell sehr gut abgesprochen und die Fragen clever beantwortet.

Ideenpool

➥ Aufgabe 03

1. Machen Sie aus der Frage 4 in 03 einen Story-Wettbewerb. Bitten Sie dazu die Teilnehmer, das Ende der Geschichte zu schreiben. Lassen Sie sich, wenn möglich, die Geschichten zumailen und korrigieren Sie diese vor der nächsten Stunde.
2. Bitten Sie freiwillige Teilnehmer, ihre Geschichte vorzulesen. Die Gruppe prämiert das beste Geschichtenende.

➥ Aufgabe 08

I don't enjoy …
My best friend loves …
When I was a child I couldn't …

1. Vertiefen Sie Kurzantworten mit einem Fragespiel. Übernehmen Sie dazu das Tafelbild.
2. Bitten Sie die Teilnehmer nun, die Sätze für sich zu vervollständigen. Anschließend setzen sich alle in zwei Stuhlreihen gegenüber. Die sich gegenübersitzenden Teilnehmer A und B beginnen sich gegenseitig ihre Sätze vorzulesen und mit Kurzantworten zu beantworten. Anschließend rutschen alle Teilnehmer B auf den nächsten Stuhl und die Antwortrunde beginnt von neuem. Bei einer großen Runde empfiehlt es sich, dass Sie nach angemessener Zeit ein Zeichen geben, auf das hin die Teilnehmer weiterrutschen.
3. Beenden Sie das Spiel, wenn alle B-Teilnehmer mindestens zwei Mal den Platz gewechselt haben. Lassen Sie sich abschließend drei Beispiele mit Kurzantworten nennen und übernehmen Sie diese an die Tafel.

Hausaufgaben

Extra Practice Reminder:

☐ p._____   No. _____ _____ _____

☐ p._____   No. _____ _____ _____

☐ p._____   No. _____ _____ _____

☐ _____

☐ _____

Lernziele

Über regionale Besonderheiten sprechen

1. Das vierte Video gliedert sich in diese Abschnitte: 00:00–00:45 *the icons of Edinburgh*; 00:45–02:27 *the haggis*; 02:27–06:07 *the kilt*; 06:07–08:17 *the tartan mill*; 08:17–end *the Whisky Experience*. Es bietet sich an, den Film auf Grund seiner Länge in mehreren Abschnitten zu schauen.
2. Erklären Sie, dass die Teilnehmer einen Film über Edinburgh sehen werden. Schreiben Sie zur Einleitung in das Thema des Filmes die Wörter *haggis, kilt, tartan* und *whisky* an die Tafel. Fragen Sie die Teilnehmer *Does anybody know anything about these things?* Sammeln Sie Informationen im Gruppengespräch.
3. Erklären Sie, dass die Teilnehmer einen Film zu diesen vier Themen sehen. Spielen Sie das Video (Film 4) zunächst ohne Aufgabenstellung einmal ab.
4. Der schottische Akzent ist vielleicht vielen Teilnehmern nicht vertraut. In dem Fall nutzen Sie die Videoaufgabe auf den Seiten 132–133. Spielen Sie den Film erneut ab, die Teilnehmer kreuzen dabei die richtigen Lösungen an. Stellen Sie die richtigen Lösungen durch Vorlesen sicher.
5. Nutzen Sie die Themen *haggis, kilt and tartan* sowie *whiskey* für eine Quiz-aufgabe. Bilden Sie dazu drei Gruppen und teilen Sie jeder Gruppe je ein Thema zu. Jede Gruppe hat nun die Aufgabe, zwei Quizfragen zu ihrem jeweiligen Thema zu stellen. Dazu kann auch das Transkript auf den Seiten 163–165 zu Hilfe genommen werden.

Beispielfragen

Haggis: How do you cook haggis? In Scotland, as which course of a meal do people eat haggis?
Kilt and tartan: How long were people not allowed to wear a kilt? What is a family tartan? When do people wear kilts today?
Scottish Whisky: What's the word for Scottish malt whisky? How many distilleries are there in Scotland?

6. Wenn alle Gruppen ihre Fragen notiert haben, stellen sie sie nacheinander dem Plenum. Überprüfen Sie die Richtigkeit der Antworten entweder, indem Sie den Zeitpunkt im Video anwählen, oder das Transcript nutzen.
7. Schauen Sie den Film zur Absicherung des Verständnisses ein drittes Mal ohne Untertitel an.
8. Übernehmen Sie abschließend *our icons* an die Tafel. Fragen Sie die Teilnehmer, welche *icons* sie für ihre Region nennen können: *Are there special local dishes in our region? What do people wear here? Do they drink a special drink at certain occasions?* Besprechen Sie in der Gruppe, welche Empfehlungen Sie einem Besucher geben würden. Vielleicht haben einige Teilnehmer Lust, Nach-forschungen zu einigen örtlichen *icons* zu betreiben und diese in der nächste Stunde auf Englisch vorzustellen?

Background

– Der schottische Ausdruck *Slainthe mhath* am Ende des Films entspricht „Prost" und bedeutet wörtlich „gute Gesundheit".

Hinweis

– Auf Seite 132–133 finden Sie die *Video Exercises*, die eigenständig während der Stunde oder zu Hause gelöst werden können. (Lösung *1 C; 2 C; 3 C; 4 B; 5 B; 6 B*)

Fingers crossed!

Lernziele	• Aberglaube • Jemanden begrüßen und willkommen heißen • Smalltalk machen • Farben und ihre Bedeutung • Kulturelle Unterschiede
Grammatik	• Verneinte Frageanhängsel
Materialien	• Aufgabe 04: Kopiervorlage 10.1, eine Kopie pro Teilnehmer • Aufgabe 06: Kopiervorlage 10.2, eine Kopie, ein Spielstein, ein Würfel pro Team

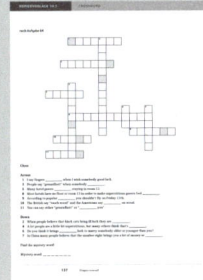 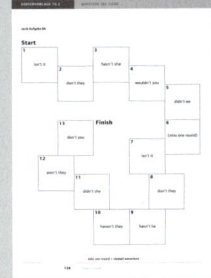

Picture

1. Lesen Sie die Überschrift der Unit vor. Fragen Sie z. B. *What could the title mean?* Sie können die Redewendung leicht erklären, indem Sie die Geste des ‚Daumendrückens' nachahmen. Weisen Sie darauf hin, dass die Geste im englischen Sprachraum ausgeführt wird, indem man den Mittelfinger über den Zeigefinger schiebt. Schreiben Sie *superstitions* an und bitten Sie die Teilnehmer, sich die Fotos anzuschauen. Fragen Sie z. B. *What do you think a superstition is?* Erklären Sie den Begriff wenn möglich mit einem allen bekannten Beispiel, z. B. einer schwarzen Katze oder einem zerbrochenen Spiegel. Fragen Sie *If you had to take photos on the topic of superstitions, what would they be of?*
2. Sammeln Sie Spekulationen im Gruppengespräch.

Background

Die Geste des Fingerkreuzens stammt schon aus vorchristlicher Zeit, in der zwei Menschen ihre Zeigefinger in Form eines Kreuzes übereinanderlegten, um gegenseitige gute Wünsche zu bestätigen. Später wurde die Geste mit den Fingern einer Hand vereinfacht.

01 Warm up

1. Lesen Sie die erste Frage vor, um insbesondere die Aussprache des neuen Wortes *superstitious* vorzugeben. Die neuen Wörter *horseshoe*, *ladder* und *mirror* lassen sich einfach mit einem Hinweis auf das dementsprechende Foto erklären. Bitten Sie drei Teilnehmer, die Texte der grünen und blauen Sprechblasen vorzulesen. Klären Sie Wortnachfragen. Die Teilnehmer tauschen im Gruppengespräch Antworten auf die Fragen aus.

2. Ein Teilnehmer liest die zweite Frage vor. Sammeln Sie weiteren Aberglauben auf Zuruf. Nützliche Beispiele könnten sein: keinen Schirm im Haus aufspannen – *don't open an umbrella inside the house*; verschüttetes Salz bringt Unglück – *spilled salt will bring ill/bad luck*; vierblättriges Klettblatt bringt Glück – *a four-leaved clover brings luck*; Scherben bringen Glück – *broken glass / shards bring good luck*; der Schornsteinfeger bringt Glück – *the chimney sweeper brings good luck*; einen Glückspfennig finden – *find a lucky penny*.

Erweiterung

3. Vielleicht haben einige Teilnehmer Lust, den Hintergrund dieser Aberglauben zu erforschen und in der nächsten Stunde zu berichten?

02 Dialogue

23

1. Ein Teilnehmer liest die Anweisung in der Randspalte vor. Übernehmen Sie die Fragen aus der Randspalte an die Tafel. Schreiben Sie darunter *(don't)mind doing something* und erklären Sie den Ausdruck z. B. indem Sie sagen: *I don't mind cycling here when the weather is good. It's ok for me to do that.*

2. Entscheiden Sie je nach der Kompetenz der Lernenden, ob die Teilnehmer den Dialog bei geschlossenen Büchern hören oder hören und den Dialog mitlesen. Spielen Sie die CD anschließend einmal ab. Fragen Sie, ob jemand schon die Frage aus der Randspalte beantworten kann. Sammeln Sie Nennungen und lassen Sie die Lösungen anhand der Stellen im Text bestätigen.

Lösung

Teresa and Harry

3. Besprechen Sie neuen Wortschatz. Neu ist u. a. die Redewendungen *It's been ages* (= *it's been a long time since we last saw each other*); *Please come this way*; *it takes all sorts* (= *many different kind of people make up the world*); *it's time to get down to business* (= *it's time to start doing what we've come here for*).

4. Spielen Sie die CD bei Bedarf erneut ab, dieses Mal lesen alle Teilnehmer mit.

Hinweise

– Bei einer fortgeschrittenen Gruppe hören die Teilnehmer die CD mit geschlossenen Büchern und versuchen, die Frage zu beantworten. Anschließend lesen die Teilnehmer den Text jeder für sich.

– ! Achtung: *believe* = glauben, *belief* = Glaube.

03 Talk about the text

1. Die sechs Fragen dieser Aufgabe sind Inhaltsfragen zum Text. Die Teilnehmer können die Fragen vorerst jeder für sich lesen und sich dann mit einem Nachbarn besprechen. Alternativ liest jeweils ein Teilnehmer eine Frage vor. Neu ist hier das Wort *marriage*. Erklären Sie z. B. *A marriage is the legal union between two people, who then become husband and wife, for example.*

2. Sammeln Sie Antworten auf die Fragen im Gruppengespräch.

Lösung

1 Harry and Teresa have met before: he says 'How lovely to see you again. It's been ages, hasn't it?'; 2 Because in the lift she sees there is no floor 13. She uses this to start some small talk.; 3 The Mandarin word for four sounds like the word for death.; 4 It's bad luck to marry someone three or six years older or younger than you. Martin's wife is three years younger than him.; 5 He says 'touch wood' and 'fingers crossed' to avoid bad luck.; 6 Americans say `knock on wood'; 'touch wood' is British English.

04 Now you

1. Ein Teilnehmer liest Frage 1 vor. Sammeln Sie Anregungen in der Gruppe.
2. Nutzen Sie Frage 1 für eine Wiederholung von wichtigen Redemitteln zur Gäste-betreuung. Bitten Sie die Teilnehmer dazu, den Text in 02 nach Ausdrücken zur Begrüßung und Betreuung zu durchsuchen. Übernehmen Sie Nennungen an die Tafel. Fragen Sie: *Do you know any others that you would like to add?* und übernehmen Sie auch diese an die Tafel.

Beispiellösung

How do you do? Welcome to …; Good to meet you, (name). Please call me (name).; Great to see you too.; Here we are, after you.; Please come this way.; How do you like your coffee?

3. Fragen Sie nach: *What do you usually say to make your guests feel welcome?* Sammeln Sie Antworten auf Zuruf.
4. Lassen Sie die Fragen 2 und 3 jeweils vorlesen. Sammeln Sie Antworten im Gruppengespräch.
5. Für Frage 4 bitten Sie einen Teilnehmer, die Frage und die Texte in den Sprech-blasen vorzulesen. Geben Sie den Teilnehmern Zeit, sich mit einem Nachbarn auszutauschen, bevor Sie die Frage im Plenum beantworten.

Hinweis

– Achtung! *Comfortable* = bequem, nicht ~~komfortabel~~.

Erweiterung

10.1

6. Verteilen Sie eine Kopiervorlage 10.1 pro Teilnehmer.
7. Die Teilnehmer lösen das Kreuzworträtsel mit einem Nachbarn.
8. Vergleichen Sie die Lösungen durch Vorlesen in Sitzreihenfolge. Bei einer unsicheren Gruppe übernehmen Sie die Lösungswörter an die Tafel, um das *Mystery word* sicherzustellen.

Lösung der Kopiervorlage

1 crossed; 2 superstitious; 3 sneezes; 4 ridiculous; 5 avoid; 6 bad; 7 wealth; 8 comfortable; 9 belief; 10 knock; 11 bless
Mystery word: success

Hinweis

– Diese Kopiervorlage eignet sich auch gut als Hausaufgabe.

05 LANGUAGE

▶ Grammatikseite 142

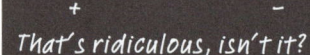

That's ridiculous, isn't it?

1. Diese *Language Box* beschäftigt sich mit Frageanhängseln *(questions tags)*, also mit deutschen Entsprechungen wie ‚nicht?', ‚nicht wahr?' und auch ‚oder?', die an Sätze angehängt werden, um Zustimmung oder einen Kommentar einzufordern. Bitten Sie einen Teilnehmer, die ersten drei Sätze der *Language Box* vorzulesen. Übernehmen Sie das Bild aus der Randspalte an die Tafel. Erklären Sie, dass einer bejahten Aussage immer ein verneintes *question tag* + Pronomen folgt. Das Pronomen bezieht sich dabei immer auf das Subjekt des Satzes, dem der *question tag* folgt. Bilden Sie ein weiteres paralleles Beispiel mit *isn't it* und übernehmen Sie dieses in Ihr Tafelbild.
2. Erläutern Sie mit Hilfe des zweiten und dritten Satzes der *Language Box*, dass das *question tag* mit dem jeweiligen Hilfsverb des Satzes gebildet wird. Bitten Sie die Teilnehmer, die Hilfsverben zu markieren.
3. Ein zweiter Teilnehmer liest die letzten beiden Sätze der *Language Box* vor. Weisen Sie darauf hin, dass man, wenn kein Hilfsverb zur Verfügung steht, im *simple present 'don't/doesn't'* und im *simple past 'didn't'* verwendet. Übernehmen Sie den Satzanfang *People believe* … an die Tafel und bitten Sie die Teilnehmer, diesen mit einem eigenen Beispiel mit einem *question tag* zu vervollständigen.
4. Zur Vertiefung können die Teilnehmer die Beispielsätze in der *Language Box* nummerieren und den Text in 02 nach weiteren *questions tags* durchforsten. Sammeln Sie Nennungen auf Zuruf und übernehmen Sie diese bei Bedarf an die Tafel, wobei die Teilnehmer zusätzlich per Nummer ansagen, welchem Beispiel in der *Language Box* ihr Fund im Text entspricht. Zur Vertiefung können Sie die Grammatikerläuterungen auf Seite 142 zu Hilfe nehmen.

Beispiellösung

1 It's Mr Johnson, isn't it?; 2… the fear of the number 13 came from America originally, didn't it?

Hinweis

– ! Achtung: Deutsche Lerner neigen dazu, statt eines *question tags* einfach ein *or?* an den Satz anzuhängen. Korrigieren Sie dies durchgängig zugunsten des korrekten *questions tags* oder des informellen *right*.

06 Practice

1. Die Teilnehmer machen sich mit der Aufgabenstellung vertraut und lösen die Sätze jeder für sich. Neu ist das Wort *retired* in Satz 8. Bilden Sie zur Erklärung z. B. diesen Beispielsatz: *When you stop working at the age of 67 you retire.*
2. Vergleichen Sie anschließend die Lösungen durch Vorlesen in Sitzreihenfolge.

Lösung

1 H; 2 F; 3 E; 4 A; 5 C; 6 G; 7 B; 8 D

Erweiterung

3. Wiederholen Sie die Aufgabe: Die Teilnehmer decken den rechten Teil der Aufgabe mit einem Zettel ab und lesen die Sätze dann in Sitzreihenfolge vor, wobei sie die *question tags* nach eigenem Wissen anfügen.
4. Bitten Sie die Teilnehmer, die Sätze 5–7 in der dritten Person Singular zu bilden und die *question tags* dementsprechend umzubilden.

Beispiellösung

5. He comes from Bern, doesn't he?; 6 She would fly on the 13th, wouldn't she?; 7 She worked with Ken Brown, didn't she?

Erweiterung

10.2

3. Bilden Sie zwei oder vier Gruppen von ungefähr gleicher Größe. Verteilen Sie eine Kopiervorlage 10.2, einen Stein und einen Würfel pro Team. Erklären Sie, dass jeweils zwei Teams gegeneinander spielen.
4. Erläutern Sie die Spielregeln: Jedes Team würfelt einmal und bewegt seinen Spielstein auf das dementsprechende Feld. Mit dem *question tag* muss nun eine Frage gebildet werden. Erst wenn das gegnerische Team auch der Meinung ist, dass die Frage korrekt gestellt wurde, darf der Stein auf dem Feld stehen bleiben. Bei Unklarheiten wird als Schiedsrichter die Lehrkraft hinzugezogen. War die Frage nicht korrekt, muss der Stein ein Feld zurückgesetzt werden. Mit dem gleichen *question tag* muss dann eine weitere Frage vom gleichen Team gestellt werden. Danach ist das gegnerische Team an der Reihe. Fragen dürfen nicht bewusst einfach wiederholt werden. Gewinner ist, wer als erstes das Ziel erreicht.

07 Practice

1. Die Teilnehmer lesen die Anweisung in der Randspalte und lösen die Aufgabe dann bei Bedarf in Absprache mit einem Nachbarn.
2. Vergleichen Sie die Lösungen abschließend durch Vorlesen in Sitzreihenfolge.

Lösung

1 aren't we; 2 isn't it; 3 haven't they; 4 wouldn't she; 5 don't they; 6 doesn't it; 7 didn't you; 8 didn't she

Erweiterung

3. Bitten Sie die Teilnehmer, gemeinsam mit einem Nachbarn jeden Satz in einer anderen Zeit zu bilden und die dementsprechenden *questions tags* anzuhängen. Gehen Sie herum und unterstützen Sie wo nötig.

08 Now you

1. Die Teilnehmer lesen die Anweisung in der Randspalte. Bitten Sie einen Teilnehmer, die erste Frage und die Ausdrücke in dem Kasten vorzulesen.
2. Die Teilnehmer diskutieren die erste Frage mit einem Nachbarn. Vergleichen Sie anschließend die Ergebnisse in einem Gruppengespräch. Gibt es ein Thema, dass alle für ungeeignet für eine Konversation halten?

Erweiterung zu 2.

2. Fragen Sie die Teilnehmer: *Are there any other small talk topics you'd like to add to the list?*

Beispiellösung

hobbies: gardening, home improvements; entertainment: celebrities, movies, TV shows; music; school/studies; local customs; public holidays; travel; public transport

3. Zur Beantwortung von Frage 2 können die Teilnehmer die Themen aus dem Kasten neben die Sätze in Aufgabe 06 schreiben. Vergleichen Sie abschließend Nennungen im Gruppengespräch.

Lösung

2 family, hometown, travel, weather, work

Fingers crossed!

4. Für den nächsten Teil der Aufgabe lesen Sie die Einleitung vor und bitten Sie jeweils zwei Teilnehmer, die Texte aus den gegenüberliegenden Sprechblasen vorzulesen.

5. Geben Sie den Teilnehmern Zeit, sich einen eigenen Einstieg in ein Gespräch zu überlegen und sich gegebenenfalls Notizen zu machen. Anschließend suchen sich die Teilnehmer einen Partner im Raum und üben gemeinsam ein Gespräch. Jeder Partner sollte dabei mindestens drei Rückfragen innerhalb des Gesprächs stellen.

6. Fragen Sie in einer Abschlussrunde: *Did the small talk go well? Did you have any problems? Do you have tips and tricks about how to start a conversation?* Besprechen Sie diese Fragen im Plenum.

09 Wordpower

1. Lesen Sie die Erklärung in der Randspalte vor und erklären Sie, dass es bei dieser Aufgabe um das Erkennen von miteinander verwandten Nomen und Verben geht. Der Satzzusammenhang hilft zu entscheiden, ob es sich um ein Nomen oder ein Verb handelt.

2. Geben Sie den Teilnehmern anschließend Zeit, das richtige Wort im Satz zu finden. Dazu können sie sich mit einem Nachbarn besprechen.

3. Vergleichen Sie abschließend durch Vorlesen in Sitzreihenfolge.

Lösung

1 believe; 2 suggestion; 3 live; 4 flight; 5 advice; 6 choice

4. Anschließend lesen die Teilnehmer die zweite Anweisung der Aufgabe durch und verfassen eigene Sätze. Gehen Sie herum und unterstützen Sie wo nötig.

5. Vergleichen und korrigieren Sie die Sätze abschließend durch Vorlesen. Übernehmen Sie nach eigenem Ermessen jeweils einen Satz pro Wortpaar als Modell an die Tafel.

Erweiterung

6. Als weitere Wortpaare eignen sich: *breathe/breath, injure/injury, lose/loss, see/sight, act/actor/actress, teach/teacher, meet/meeting, build/building.* Nehmen Sie dazu einfach jeweils das Verb an die Tafel. Die Teilnehmer bilden das dazugehörige Nomen.

Hinweise

– Der zweite Teil der Aufgabe eignet sich auch als Hausaufgabe.
– Bitten Sie die Teilnehmer, mit den Wörtern aus der Erweiterung Sätze zu schreiben, die Sie in der nächsten Stunde vergleichen.

10 Listening

24

1. In dieser Aufgabe wird von der Bedeutung von Farben erzählt. Nutzen Sie das Foto als Einstieg. Fragen Sie zur Wiederholung von Farbwörtern: *Which colours do you see in this photo? Which colour would you choose for your house?* Sammeln Sie Nennungen auf Zuruf. Nützliche Farbnennungen können sein: *blue, dark blue, red, orange, yellow, green, pink, white.* Fragen Sie als Erweiterung: *Have you ever seen a row of houses as colourful as this? Where was that?*

2. Ein Teilnehmer liest anschließend die Anweisung in der Randspalte vor. Spielen Sie die CD einmal ab. Die Teilnehmer notieren dabei die Farben, die sie heraushören.

3. Übernehmen Sie Farbnennungen an die Tafel.

Lösung

> *red, orange, white, yellow, blue, green*

4. Anschließend lesen die Teilnehmer die Fragen 1–6 durch. Spielen Sie anschließend die CD erneut ab.

5. Vergleichen Sie die Antworten auf die Fragen im Gespräch in der Gruppe, wobei jeweils ein Teilnehmer eine Frage vorliest.

Lösung

> *1 The Catholics didn't like the advertisement, but Dutch sports fans would probably like it.; 2 Brides wear white in Western cultures; in India, China, Vietnam and Korea you wear white when someone dies.; 3 In China, the bride wears red, but in South Africa red is worn when there is a death.; 4 Love, Valentine's Day, danger, red-light districts.; 5 She says it's the lightest and brightest of all the primary colours;. 6 Food.*

Transcript

P = Peter
D = Dorit

24

P Colour is all around us in our daily lives. Dorit, tell us why the same colour can mean different things to different people.

D That's a big question, Peter! I've been studying colour all my life and I don't have a simple answer. But let me tell you an old joke. This one dates back to the Cold War, OK? Russian astronauts got to the moon first, and they planned to paint it red to show that it was theirs. When the American astronauts found out, instead of being angry, they said, "OK no problem. We'll just write Coca-Cola on top of it, then everyone will know who's the best …" Red was the colour of communism, but it's also the colour of that most iconic symbol of the US – Coca-Cola.

P Same colour, different message.

D Exactly. Similar thing happened in the 1990s when the mobile phone company, Orange, had to change its advertisement in Northern Ireland. Why? Their ad was "The future's bright, the future's orange". Now orange is the colour that is strongly associated with the Protestants in Northern Ireland, so suggesting that the future was orange was very unpopular with the Catholics.

P Hmm, I see.

D At the same time, orange is also the colour of the Dutch royal family … and the Dutch sports teams too.

P That's interesting, yes. There are lots of songs about colours of course so let's hear a little music now …

P So we were saying, colours can be political, they are important in sport … and I'm sure there are many cultural differences too?

D Absolutely. Take white, for example. White is traditionally worn by brides on their wedding day in western cultures. However, in India, China, Vietnam and Korea, people wear white after the death of a family member. On the other hand, in South Africa, people wear red when someone dies and in China brides wear red.

P Red is certainly associated with love, isn't it? Valentine's Day cards, for example, always have red hearts, red roses, that kind of thing, right?

D Yes, that's right. Red is the hottest of all the primary colours. The red-light district of a city is where you can buy sex. And don't forget, red is also the colour of danger, it says "Pay attention!", "Be careful!", etc. Stop signs are always in red and white.

P True. So do you believe that every colour has both negative and positive associations?

Fingers crossed!

D Yes, I do. Think of yellow, the lightest and brightest primary colour. It's a happy, sunny, warm colour – Buddhists wear yellow clothes. But yellow is also the colour of emergency – think of ambulances. Then what about blue? Did you know that blue is most people's favourite colour, especially men?

P Yes, I wear a lot of blue.

D So with blue, we think of peace, calm, clean fresh air … but we also think of "the blues" – sad music, feeling sad and alone, cold maybe? Blue is an important colour in many religions: in Christianity the Madonna is dressed in blue. But dark blue is also the colour of authority – for example, police uniforms are often blue.

P Fascinating. So what about green? It seems to me …

---

11 Now you

1. Die Diskussionsangebote dieser Aufgabe lassen sich nach Ihrem Ermessen entweder im Plenum, in Partnerarbeit oder in größeren Gruppen bearbeiten.

2. Bitten Sie einen Teilnehmer, die erste Frage vorzulesen. Neu ist das Wort *purple*, dass sich leicht mit dem Hinweis *Aubergines are purple* erklären lässt. Für die Diskussion können diese Ausdrücke nützlich sein: *Green is the colour of hope, to have a green thumb; Purple – important colour in Christianity: colour worn by bishops in the Catholic church; Black is often seen as a colour of sophistication, as in 'the little black dress', or 'the black tie event'.*

3. Zur Beantwortung der zweiten Frage können Sie als Unterstützung einige Werbungen aus Magazinen mitbringen oder auch Beispiele mit den Teilnehmern online nachschauen. Bekannte farbige Logos und Marken sind z. B. Google, FedEx, Nasa, Shell, UPS.

4. Zur Vorbereitung von Frage 5 können Sie die Teilnehmer bitten, zur nächsten Stunde einige Fotos ihres Zuhauses mitzubringen, mit denen sich die Farben sicherlich lebendig beschreiben lassen.

5. Lesen Sie die Frage 6 vor. Nützlich für die Diskussion können diese Wörter sein: *food colouring* – Lebensmittelfarbe; *artificial* – künstlich, unecht.

Hinweis

– Die Fragen 2 und 5 eignen sich auch als Hausaufgabe. Frage 2: Vielleicht können die Teilnehmer Beispiele für Werbungen aus Katalogen oder Magazinen zum nächsten Mal mitbringen?

---

12 Round up

1. Die Teilnehmer machen sich mit der Aufgabenstellung vertraut und bilden zum Lösen des Quizzes Zweiergruppen. Klären Sie Verständnisfragen. Neu ist u. a. das Wort *suede*, das sich am besten entweder durch Zeigen an Schuh, Tasche, Jacke oder sofern nichts davon vorhanden ist, durch Übersetzen erklären lässt: Wildleder.

2. Anschließend vergleichen die Partner ihre Lösungen mit einem anderen Team. Nennen Sie abschließend die richtigen Lösungen. Welche Zweiergruppe hatte die meisten richtigen Antworten?

Lösung

red & white; yellow; red; white; green, yellow & red; red; blue

3. Lesen Sie die zweite Anweisung der Aufgabe vor. Neu ist das Wort *swap*, dass sich leicht mit dem Synonym *exchange* erklären lässt. Geben Sie den Partnern Zeit, eigene Quiz-Fragen zu schreiben. Gehen Sie herum und unterstützen Sie wo nötig.

Beispiellösung

What colour is the logo of this course book? (green); ... are taxis in Germany? (beige); ... are the stars on the American flag? (white); ... are the five Olympic Rings? (top three: blue, black, red, lower two: yellow, green)

4. Die Zweierteams tauschen ihre Quizfragen mit einem anderen Team und beantworten deren Fragen.
5. Bitten Sie abschließend jedes Zweierteam, seine ‚schwierigste' Frage der ganzen Gruppe zu stellen. Welche Frage war für alle am schwierigsten, welche am originellsten?

Ideenpool

▸▸ **Aufgabe 04**

1. Nutzen Sie Frage 1 in Aufgabe 04 *Do you ever have to look after guests from abroad? If so, how do you make them feel welcome and comfortable?* für eine Fragerunde. Bitten Sie die Teilnehmer, aufzustehen und im Raum mindestens eine Person zu finden, die sich schon einmal um Gäste aus dem Inland oder Ausland gekümmert hat. Dabei machen sich alle Notizen zu Tipps für die Gästebetreuung.
2. Stellen Sie gemeinsam eine Liste auf. Was ist für eine perfekte Gästebetreuung notwendig?

Hausaufgaben

Extra Practice Reminder:

☐ p._____   No. _____ _____ _____

☐ p._____   No. _____ _____ _____

☐ p._____   No. _____ _____ _____

☐ _____

☐ _____

Fingers crossed!

 Lernziele

Ereignisse und Geschehnisse an jemand anderen berichten; eine Sightseeing Tour beschreiben/bewerten

1. Das letzte Video des Kursbuches befasst sich in vier Abschnitten mit den Themen *Edinburgh Castle* (00:00–02:21), *the Rebus tour* (02:22–05:37) *Greyfriars Bobby* (05:38–06:27) und *the Beltane Festival*. Schreiben Sie zur Einstimmung das Wort *Edinburgh* an die Tafel. Fragen Sie die Teilnehmer: *What do you think of when you hear the name Edinburgh? Has anybody ever been to Edinburgh?* Sammeln Sie Nennungen in Notizen an der Tafel. Erklären Sie, dass die Teilnehmer nun ein Video über Edinburgh sehen werden. Spielen Sie das Video (Film 5) ohne konkrete Aufgabenstellung und Untertitel ab bis 05:38. Sammeln Sie erste Eindrücke.

2. Fahren Sie mit dem ersten Teil des Videos über *Edinburgh Castle* fort. Nehmen Sie das Bild und die Erläuterung zum Nationalwappen an Stelle 00:45–00:50 zum Anlass für eine kleine Diskussion. Schreiben Sie dazu den Begriff *coat of arms* an und erläutern Sie diesen bei Bedarf, indem Sie auf das Bild an Stelle 00:45 verweisen. Fragen Sie z. B.: *What do you think a coat of arms is used for? Does your town or country have a coat of arms? What does it say? Could you explain what it means in English?*

3. Die *Rebus tour* nimmt das *Whodunnit*-Thema von Unit 9 wieder auf. Fragen Sie nach: *Would you go on an Inspector Rebus tour? Have you ever been on any other tour based on the work of a crime writer? Why do you think people find these tours so fascinating?* Besprechen Sie die Fragen in der Gruppe.

4. Nutzen Sie die verbleibenden zwei Themen des Films, *Greyfriars Bobby* und das *Beltane Festival,* für eine Gruppenarbeit. Bilden Sie dazu zwei ca. gleich große Gruppen. Erläutern Sie, dass es die Aufgabe der jeweiligen Gruppen sein wird, sich die Videoinhalte gegenseitig zu berichten. Bitten Sie die Gruppe 1, den Raum zu verlassen. Gruppe 2 schaut den Teil *Greyfriars Bobby* des Videos und macht sich zum Inhalt gegebenenfalls Notizen.

5. Gruppe 1 kehrt nun zurück und Gruppe 2 verlässt den Raum. Spielen Sie das Video bis zu Ende ab, wobei sich Gruppe 1 Notizen macht.

6. Geben Sie beiden Gruppen Zeit, zu klären, wer die Filminhalte präsentiert. Anschließend berichten sich die Gruppen nacheinander darüber, was sie jeweils gesehen haben. Ermuntern Sie die Zuhörer dabei zu Nachfragen. Greifen Sie so wenig wie möglich steuernd ein, damit beide Gruppen die Gelegenheit bekommen, was sie gehört haben mit dem Film zu vergleichen.

7. Spielen Sie das Video anschließend für alle gemeinsam ab 05:38 bis zum Ende ab.

8. Fragen Sie abschließend z. B.: *Which part of the tour of Edinburgh would you like to do and why? What do you think makes a sightseeing tour good?* Diskutieren Sie in der Gruppe.

Background

– Das *Edinburgh Military Tattoo* verfügt über eine eigene Webseite, auf der sich schnell einige eindrucksvolle Bilder zu dieser Veranstaltung nachschauen lassen.
– Das heutige *Beltane Festival* wird jährlich unter Mitwirkung von mehr als 300 freiwilligen Theaterenthusiasten am 30.04. gefeiert. Es geht zurück auf ein altes gälisches Fest, das den Beginn des Sommers feierte.

Hinweis

– Auf Seite 133 finden Sie die *Video Exercises*, die eigenständig während der Stunde oder zu Hause gelöst werden können. (Lösung *1 B; 2 C; 3 C; 4 B; 5 A; 6 C*)

Don't worry, be happy

Lernziele	• Was Menschen glücklich macht • Etwas kommentieren • Ein Originalgedicht lesen
Grammatik	• Wiederholung von *if*-Sätzen Typ 1 und Typ 2 • *if*-Sätze Typ 3
Materialien	• Aufgabe 08: Kopiervorlage 11.1, eine Kopie pro Teilnehmer • Aufgabe 10: Kopiervorlage 11.2, zwei Board Games, zwei Spielsteine, zwei Würfel

 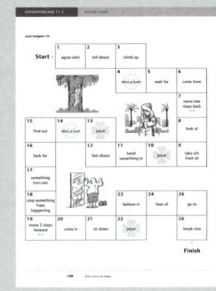

Picture

1. Bevor Sie mit der Unit beginnen, schreiben Sie zum Einstieg das Wort *happiness* von oben nach unten an die Tafel. Bilden Sie zwei Gruppen und bitten Sie die Teilnehmer, in ihren Gruppen Begriffe zu brainstormen, die sie mit Glück assoziieren. Dabei müssen die Wörter mit den Buchstaben des Wortes *happiness* beginnen. Geben Sie z. B. *holiday* als Anfangswort vor. Die Gruppen übertragen anschließend ihre Wörter an die Tafel.
2. Anschließend öffnen die Teilnehmer das Buch auf Seite 110 und schauen sich die Poster an. Klären Sie Wortnachfragen. Neu ist der Begriff *income*, der sich umschreiben lässt mit *Income is the money you or a company earn.*

01 Warm up

1. Die Teilnehmer machen sich mit der Aufgabenstellung vertraut und lesen die vier Songtitel durch. Neu ist der Ausdruck *be true to sth*. Erklären Sie auf Nachfrage z. B. *If you are true to your heart, you do what you feel is right.*
2. Anschließend ordnen die Teilnehmer die Songtitel den Postern zu. Dazu können sie sich mit einem Nachbarn absprechen. Vergleichen Sie die Ergebnisse in der Gruppe.
3. Bitten Sie einen Teilnehmer, die Frage in der Aufgabe vorzulesen. Die Teilnehmer lesen den Text in der Sprechblase. Neu ist das Wort *philosophical*, das sich durch die Nähe zum Deutschen sicherlich von selbst erläutert.
4. Besprechen Sie die Frage in der Gruppe.

Lösung

1 D; 2 C; 3 A; 4 B

Erweiterung

5. Übernehmen Sie diese Zitate an die Tafel.

> "Happiness is nothing more than good health and a bad memory."
> Albert Schweitzer
> "Happiness is like a kiss. You must share to enjoy it."
> Bernhard Meltzer
> "Money doesn't make you happy. I now have $50 million but I was just as happy when I had $48 million."
> Arnold Schwarzenegger

6. Diskutieren Sie die Zitate in der Gruppe. Dazu können Sie Fragen stellen wie *Do you think there is a connection between happiness and money? Do you think you can be happy without any money at all?*

Hinweis

– Vielleicht haben Sie die Möglichkeit, den einen oder anderen Song aus 1–4 vorzuspielen? Die Texte lassen sich leicht googeln und als Begleitung für den Song ausdrucken.

Background

Omar Kayyam, persischer Astronom, Mathematiker und Dichter (1048–1131)
Jane Austin, englische Schriftstellerin (1775–1817))
Mahatma Ghandi, indischer Freiheitskämpfer (1869–1948)
George Sand, französische Schriftstellerin (1804–1876)

02 Text

1. Bitten Sie einen Teilnehmer, den Text in der Randspalte vorzulesen. Geben Sie den Teilnehmern ausreichend Zeit, den Artikel zu lesen. Bei Nachfrage zu dem Akronym SAD ermutigen Sie die Teilnehmer, die Erklärung dafür selber im Text zu finden.
2. Fragen Sie anschließend, wer schon die Antwort auf die Frage in der Randspalte herausgefunden hat. Übernehmen Sie Nennungen aus der Gruppe an die Tafel. Außer der Lösung *chocolate* können auch Begriffe wie *sunshine*, *good weather*, *summer* genannt werden.

Lösung

chocolate

3. Klären Sie Wortnachfragen. Neu sind u. a. die Ausdrücke *I wonder* (Zeile 19) = *thinking about a statement*; *That's all very well* (Zeile 43–44) = *here: that is easy for them (the experts) to say*; *to feel blue* (Zeile 45) = *to feel sad or depressed*; *comfort food* (Zeile 47) = *food that helps you feel better, typically chocolate, tea etc.*, *well-being* (Zeile 50) = *health* und *now you're talking* (Zeile 501) = *you have made a suggestion or an offer that is much better than the one you made before.*
4. Zur Sicherstellung der korrekten Aussprache können die Teilnehmer den Text abschnittsweise vorlesen. Unterstützen Sie bei der Aussprache.

Erweiterung

5. Bitten Sie die Teilnehmer, sich zusammen mit einem Nachbarn jeweils eine Überschrift für jeden der fünf Textabschnitte zu notieren. Schreiben Sie die Zahlen 1 bis 5 an die Tafel. Die Teilnehmer schreiben anschließend ihre Überschriften an die Tafel. Dies könnten mögliche Überschriften sein: *1 Happiness Expert; 2 The five factors in happiness; 3 Happy all the time?; 4 SAD; 5 How to make yourself feel happy*

6. Die Gruppe kann abschließend gemeinsam entscheiden, welche Überschriften die Inhalte der einzelnen Abschnitte am besten widerspiegeln.

Hinweis

– Achtung; hier: *comfort* ≠ Komfort! *comfort* = Trost

03 Talk about the text

1. Alle sieben Fragen dieser Aufgabe sind inhaltliche Fragen zu 02. Neu ist u. a. der Begriff *quoted* in der ersten Frage. Bei Nachfragen können Sie erklären *to quote means to repeat the exact words of somebody else.*

2. Geben Sie den Teilnehmern Zeit, die Fragen zu bearbeiten. Dabei können sie sich mit einem Nachbarn besprechen.

3. Sammeln Sie abschließend die Antworten in der Gruppe.

Lösungen

1 Money and how long we can expect to live.; 2 How much support we get from friends, being free, living in a fair society.; 3 No; 'I don't know anyone who believes that anyway'.; 4 Denmark, Finland and Sweden.; 5 They have rich economies, low crime, free health care and excellent education.; 6 She gets SAD so she wouldn't get enough sunlight there.; 7 Taking exercise and listening to music because she's not into fitness and has no time for music.

04 Now you

1. Die Teilnehmer machen sich zuerst mit den Fragen vertraut. Nutzen Sie die Fragen 1 und 2 dieser Aufgabe für eine Diskussion in der Gruppe. Bitten Sie dazu drei Teilnehmer, die Texte in den Sprechblasen vorzulesen.

2. Die Frage drei eignet sich auch für eine Partnerarbeit. Bitten Sie die Teilnehmer, die Frage vorzulesen. Die Teilnehmer besprechen sich mit einem Partner.

3. Abschließend berichten alle Teilnehmer darüber, was sie über ihren Gesprächspartner herausgefunden haben. Notieren Sie dabei begleitend Beispiele für *comfort food* und *happiness support* an der Tafel.

4. Bilden Sie Sie zwei Gruppen, die brainstormen, ob es etwas gibt, dass alle gerne mögen oder tun, um sich glücklich zu fühlen oder ob es Unterschiede gibt z. B. zwischen alt und jung. Vergleichen Sie abschließend die Antworten, indem eine Gruppe Frage 1 vorliest und ihre Antwort vorstellt. Die Zuhörer kommentieren die Antwort. Anschließend liest die nächste Gruppe die Frage 2 und stellt ihre Antwort vor.

Erweiterung

05 LANGUAGE

▶ Grammatikseite 144–145

1. Diese *Language Box* wiederholt die Struktur von *if*-Sätzen des Typ 1 und 2. Bitten Sie zwei Teilnehmer, die Beispielsätze aus dem Kasten vorzulesen.

Don't worry, be happy

2. Fragen Sie die Teilnehmer, ob sie sich an die Regeln zur Bildung der zwei Typen erinnern. Brainstormen Sie Ideen in der Gruppe und übernehmen Sie anschließend das Tafelbild.

> Type 1
> If + present, ——→ will /won't? + infinitive
> Type 2
> If + past, ——→ would/wouldn't? + infinitive

3. Fragen Sie nach: *What is the difference in meaning between the two types of if-sentences?* Brainstormen Sie auch hier Ideen in der Gruppe. Stellen Sie abschließend sicher, dass allen Teilnehmern der Unterschied zwischen dem Type 1 mit einer **realen** Bedingung und Type 2 mit einer **nur theoretischen** Bedingung bekannt ist. Ziehen Sie dazu bei Bedarf die Grammatikerläuterungen auf Seite 144–145 zu Rate. Behalten Sie wenn möglich das Tafelbild für weitere Erläuterungen zu Typ 3 in *Language Box* 07.

4. Bitten Sie die Teilnehmer, einen weiteren Beispielsatz in beiden Typen zu bilden. Machen Sie dazu eine Vorgabe an der Tafel, z. B. *if we + live in a sunny country, we would be in a better mood.*

Beispiellösung	*If we eat more comfort food, we will be happy. If we ate more comfort food, we would be happy.*

06 Practice

1. Die Teilnehmer machen sich mit der Aufgabenstellung vertraut und lesen den ersten Beispielsatz durch. Anschließend löst jeder für sich die Aufgabe.
2. Vergleichen Sie abschließend durch Vorlesen in Sitzreihenfolge.

Lösung	*2 We'll fly to the Maldives if we can afford it.; 3 If you're late, we won't wait for you.; 4 If I lived in Africa, I wouldn't get SAD.; 5 I would go to work by bike if it wasn't so far.; 6 If I forgot your birthday, I would feel awful.*

Hinweise	– Bei einer lernschwächeren Gruppe übernehmen Sie die Lösungssätze sicherheitshalber an die Tafel. – Als Hausaufgabe fordern Sie die Teilnehmer auf, die Sätze 1–3 in *type 2 if-sentences* zu verwandeln und die Sätze 4–6 in *type 1 if sentences*. Vergleichen Sie in der Folgestunde die Lösungen durch Vorlesen.

Beispiellösung	*1 I would meet Tina for a coffee if I had time.; 2 We would fly to the Maldives if we could afford it.; 3 If you were late, I wouldn't wait for you.; 4 If I live in Africa, I won't get SAD.; 5 I will go to work by bike if it isn't so far.; 6 If I forget your birthday, I will feel awful.*

07 LANGUAGE

▶ Grammatikseite 145

Erweiterung

1. Diese *Language Box* führt den dritten, noch nicht bekannten Typ der *if*-Sätze ein. Bitten Sie drei Teilnehmer, die Beispielsätze in der Box vorzulesen.
2. Erläutern Sie, dass man mit dem dritten Typ der *if*-Sätze über mögliche Geschehen in der Vergangenheit spekuliert. Ziehen Sie bei Bedarf auch die Grammatikerläuterungen auf Seite 145 zu Rate.
3. Fragen Sie, ob die Teilnehmer die Bildung der dritten Form parallel zu dem Tafelbild für Typ 1 und 2 einfügen können.

> Type 1
> If + present, ──────➤ will + infinitive
> Type 2
> If + past, ──────➤ would + infinitive
> Type 3
> If + past perfect, ──────➤ would / wouldn't? have + 3rd verb form

4. Übernehmen Sie den letzten Satz in 05 an die Tafel. Fordern Sie die Teilnehmer auf, diesen Satz in einen Typ 3-Satz umzuwandeln und seine Bedeutung mit eigenen Worten zu erklären.

> She would feel depressed if she didn't eat comfort food.
> She would have felt depressed if she hadn't eaten comfort food.
> (But she had eaten comfort food.)

08 Practice

Lösung

Hinweis

> write   had written
> have   had had

Erweiterung

11.1

1. Die Teilnehmer machen sich mit der Aufgabenstellung vertraut und lesen das erste Beispiel durch.
2. Anschließend lösen die Teilnehmer die Aufgabe jeder für sich.
3. Vergleichen Sie die Lösungen abschließend durch Vorlesen in Sitzreihenfolge.

> *2 would have bought; 3 would have gone; 4 had known; 5 hadn't drunk; 6 wouldn't have taken*

– In Satz 2 wird die *past perfect*-Form *had had* verwendet. Erinnern Sie bei Bedarf nochmals daran, dass das *past perfect* mit *have* genauso gebildet wird wie mit anderen Verben. Dazu können Sie ein einfaches Tafelbild nutzen.

4. Verteilen Sie jeweils eine Kopiervorlage 11.1 pro Teilnehmer. Erläutern Sie, dass es bei dieser Aufgabe darum geht, alle Sätze ausschließlich in *if*-Sätze des Typs 3 umzuformen.
5. Die Teilnehmer bearbeiten die Sätze entweder jeder für sich, oder bei Wunsch mit einem Partner.
6. Vergleichen Sie abschließend die richtigen Lösungen durch Vorlesen in Sitzreihenfolge.

Don't worry, be happy

Lösung der Kopiervorlage

1 If I had had a house in the country, I would have bought two dogs.; 2 If more people had spent more money on charity, everybody would have been happier.; 3 If you had eaten less chocolate, you would have lost weight.; 4 I would have gone skiing every weekend if I had lived in Switzerland.; 5 We would all have gone to a Stevie Wonder concert if he had come to town.; 6 If my neighbours had not been against it, I would have painted my house orange!; 7 If flight prices had gone down, I would have booked a flight for Friday 13th.; 8 My friend would have gone to the gym if it had been for free.; 9 You would not have slept tonight if you had drunk too much coffee.; 10 I would have been very sad if my partner had forgotten about my birthday.

Hinweis

– Diese Aufgabe eignet sich auch als Hausaufgabe.

---

09   Now you

1. Die Teilnehmer lesen sich die Aufgabenstellung und den Text in der Sprechblase durch. Zur Unterstützung der Formenbildung können Sie nochmals das Tafelbild aus 07 zu Hilfe nehmen.

> *If + past perfect* ⟶ *would /wouldn't have + 3rd verb form*

2. Die Teilnehmer können weitere Beispiele für den ersten Satzbeginn in der Gruppe brainstormen. Übernehmen Sie die Nennungen an die Tafel.
3. Die nächsten zwei Satzanfänge vervollständigen die Teilnehmer für sich. Übernehmen Sie währenddessen die Satzanfänge an die Tafel.
4. Bitten Sie zwei Teilnehmer, ihre Vervollständigungen als Beispiele anzuschreiben.

---

10   Wordpower

1. Die Anweisung in der Randspalte führt den Ausdruck *phrasal verbs* ein. Erklären Sie, dass es sich dabei um Verben handelt wie *pick somebody up* oder *break down* und dass ein *phrasal verb* so ein Verb ist, dem eine oder mehrere Präpositionen folgen, wie z. B. *break up*. Ermutigen Sie die Teilnehmer, die *phrasal verbs* zu vervollständigen und dabei ihrem Bauchgefühl/Sprachgefühl zu folgen. Unterstützen Sie bei Wortnachfragen.
2. Vergleichen Sie die Lösungen durch Vorlesen in Sitzreihenfolge.

Lösung

1 down; 2 up; 3 up; 4 down; 5 down; 6 up

3. Im zweiten Teil der Aufgabe ordnen die Teilnehmer Synonyme zu.
4. Die Teilnehmer ermitteln die Synonyme und vergleichen ihre Ergebnisse mit einem Nachbarn.
5. Stellen Sie abschließend die richtigen Lösungen durch Vorlesen klar.

Lösung

1 A; 2 C; 3 D; 4 B; 5 F; 6 E

Erweiterung

6. Nutzen Sie ein bekanntes Verb wie z. B. *look*, um weitere schon bekannte *phrasal verbs* in einer *mindmap* an der Tafel zu brainstormen. Die könnten sein *look for* – suchen; *look after* – sich kümmern um; *look at* – anschauen; *look into* – sich mit etwas befassen.

Erweiterung

11.2

6. Bilden Sie eine durch zwei teilbare Anzahl von Gruppen. Dabei ist es nicht wichtig, dass alle Gruppen gleich groß sind. Jede Gruppe spielt gegen eine gegnerische Gruppe.
7. Verteilen Sie an jede Gruppe einen Spielstein, einen Würfel und ein Spielbrett (Kopiervorlage 11.2). Auf dem Feld, auf dem die jeweilige Gruppe durch Würfeln landet, steht ein *phrasal verb*, mit dem ein Satz oder eine Frage gebildet werden muss. Ist der Satz oder die Frage nach Aussage auch der anderen Gruppe korrekt, darf der Stein stehen bleiben. Schiedsrichter ist dabei die Kursleitung. Dann ist die andere Gruppe dran. Ist der Satz inkorrekt, muss die Gruppe ein Feld zurück und beim nächsten Mal die Aufgabe dieses Feldes lösen. Die Gruppen würfeln unabhängig von richtig oder falsch immer abwechselnd.
Bei einem Joker darf ein Feld vorgerückt werden, wobei die gegnerische Gruppe die Aufgabe dieses Feldes lösen muss.
8. Das Spiel ist zwischen zwei Teams beendet, wenn ein Team das letzte Feld erreicht hat.
9. Sammeln Sie abschließend in der Gruppe nochmals jeweils ein Beispiel für jedes einzelne Feld.

11 A poem

25

1. Übernehmen Sie vor dem Einstieg in das Gedicht das Wort *poem* an die Tafel. Sofern die Teilnehmer die Bedeutung nicht durch Ähnlichkeit zum Deutschen ableiten können, erklären Sie das Wort durch ein bekanntes Beispiel, wie „Der Erlkönig" o. ä. Fragen Sie dann z. B. *What do you think of when you read the word poem? Do you know any famous poems? Do you read poems? Did you have to learn poems when you were child?* Brainstormen Sie Antworten in der Gruppe.
2. Die Teilnehmer lesen anschließend die Aufgabenstellung durch. Sie können dann gleich zu Beginn die CD abspielen und die Teilnehmer den Text mitlesen lassen. Alternativ geben Sie den Teilnehmern Zeit, vorerst nur den Text durchzulesen. Fragen Sie, ob jemand schon die Antwort auf die Frage in der Randspalte geben kann. Brainstormen Sie Lösungen in der Gruppe.

Lösung

He feels happy.

3. Spielen Sie die CD nochmals ab. Die Teilnehmer können dabei je nach Wunsch auch bei geschlossenen Büchern zuhören.
4. Anschließend kann jeweils ein Teilnehmer jeweils eine Frage 1–3 vorlesen. Sammeln Sie Antworten im gemeinsamen Gespräch.

Lösung

1 He's near the window drinking coffee.; 2 He sees two boys.; 3 They are walking along together, not speaking but looking happy.

Erweiterung

5. Nutzen Sie die Fragen 1–3 für eine Erinnerung an Verben im *present progressive* und *simple present*. Fragen Sie zuerst, ob die Teilnehmer die Regeln selbst erinnern: *Which tenses are the three questions? Why is question 2 in a different tense?*
6. Übernehmen Sie die Verben *see, look, smell, hear* an die Tafel. Erinnern Sie daran, dass Verben der Wahrnehmung im Allgemeinen im *simple present* und nicht in der *progressive*-Form stehen.

Erweiterung

5. Spielen Sie mit dem Gedicht, indem Sie die Teilnehmer bitten, jedem Nomen noch ein Adjektiv hinzuzufügen. Beginnen Sie dazu mit den ersten Zeilen, z. B. *So early it's still almost dark out. I'm near the* **big** *window with* **hot** *coffee.*

6. Brainstormen Sie auf diese Weise eine Erweiterung des Gedichtes. Wenn möglich machen Sie die ‚neue' Variante per Beamer oder Smartboard für alle sichtbar. Schreiben Sie dazu alle hinzugefügten Wörter in den Text hinein.

7. Die Teilnehmer entscheiden sich abschließend für die ‚schönsten' Varianten.

Raymond Carver (US-amerikanischer Schriftsteller und Dichter 1938–1988)

12 Now you

1. Die Fragen eignen sich gut für ein lockeres Gespräch in der Gruppe. Bitten Sie dazu jeweils einen Teilnehmer, eine Frage vorzulesen und sammeln Sie mögliche Antworten in der Gruppe.

2. Alternativ können Sie eine der Fragen auch in Partnerarbeit bearbeiten lassen. Anschließend berichtet jeder Teilnehmer darüber, was er von seinem Partner erfahren hat.

13 Round up

1. Bearbeiten Sie diese Aufgabe in zwei Schritten. Im ersten Schritt lesen die Teilnehmer die Aufgabenstellung und tragen mit einem Partner weitere Ideen in die Liste ein.

2. Währenddessen übernehmen Sie die Wörter *The best things in life* an die Tafel.

3. Anschließend lesen die Teilnehmer die Texte in den Sprechblasen durch und berichten nacheinander der Gruppe über ihre *best things in life*. Übernehmen Sie dabei die Idee in die Liste an der Tafel. Kennzeichnen Sie Mehrfachnennungen mit Strichen neben den einzelnen Begriffen, damit deutlich wird, welche Vorlieben die Teilnehmer gemeinsam haben. Heben Sie diese Vorliebe abschließend deutlich hervor: *So, the thing we all seem to like most is …*

Ideenpool

▶ **Aufgabe 13**

1. Nutzen Sie zum Abschluss der Unit einen berühmten Song zu diesem Thema, wie *Don't worry, be happy*, z. B. in der Version von Bobby McFerrin oder *Walking on Sunshine* von *Katrina and the Waves*. Sowohl Song als Songtext lassen sich leicht googeln.

Hausaufgaben

Extra Practice Reminder:

☐ p._____   No. _____ _____ _____

☐ p._____   No. _____ _____ _____

☐ p._____   No. _____ _____ _____

☐ _____

☐ _____

Consolidation

12

Consolidation Units bieten Ihnen die Möglichkeit, Wortschatz und Grammatik aus den vorangegangenen Units zu vertiefen, aufzufrischen und zu erweitern.

Lernziele	• Wiederholen und Vertiefen der Lernziele aus Unit 9–11
Grammatik	• Bejahte Frageanhängsel
Materialien	• Aufgabe 04: Flipchart-Blätter
	• Aufgabe 08: Kopiervorlage 12.1, eine Kopie pro Teilnehmer

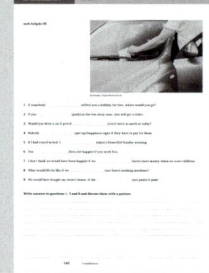

Picture

1. Die Teilnehmer schauen sich die Schilder an. Bevor Sie die Fragen im *Warm up* genauer besprechen, fragen Sie die Teilnehmer: *Do you know any other street signs in English? Where did you see them? Have you seen any signs in English here in town?*
2. Sammeln Sie eventuelle Nennungen im Gespräch.

---

01   **Warm up**

1. Bitten Sie jeweils einen Teilnehmer, eine Frage vorzulesen und besprechen Sie die Antworten in der Gruppe.
2. Nutzen Sie die Fotos, um sie mit ähnlichen Zeichen und Schildern in Deutschland zu vergleichen: *Which animals can you see in German street signs? Can you describe what a no-parking sign looks like in Germany?*

Lösung

1 The signs are in Times Square, New York City. The sign at the top means that you aren't allowed to turn left.; 2 Sign number three tells you that you are in a street (in Hampstead) in north-west London.; 3 Sign number two and sign number four. (parking) lot = Parkplatz; 4 Sign number five.; 5 You should go slow / drive slowly.; There might be rabbits in the road.

Hinweis

– Die folgenden Informationen sind zur Schildererklärung hilfreich: Linksabbiegen verboten – *no left turn*; *one way* – Einbahnstraße; *lot closed = parking lot closed* – Parkplatz geschlossen; *tow away zone* – Abschleppzone; *N.W. 3 = North West 3*

---

02 Text

1. Zum Einstieg in den Text bitten Sie die Teilnehmer, sich das Foto anzuschauen. Fragen Sie z. B. *What do you think the sign means? Where could it be? Who do you think put it up?* Neu ist der Begriff *put something up*, der sich auch mit dem Synonym *set up* umschreiben lässt. Die Teilnehmer können in der Gruppe spekulieren.
2. Nachdem sich die Teilnehmer mit der Anweisung und Fragestellung in der Randspalte vertraut gemacht haben, lesen sie den Text jeder für sich durch.
3. Fragen Sie, ob jemand die nachgefragten Städte nennen kann. Vertiefen Sie bei den Nennungen die Aussprache. Klären Sie im Anschluss Wortnachfragen.

Lösung

Newark, New Jersey, and New York City.

4. Sie können den Text anschließend vorlesen, um die richtige Aussprache sicherzustellen. Die Teilnehmer lesen dabei mit.
5. Übernehmen Sie die in Großbuchstaben geschriebenen weiteren *Happy Street Signs* an die Tafel. Diskutieren Sie mit den Teilnehmern: *Which Happy Street Sign do you like best? Why?* Fragen Sie, mit welchen anderen Wörtern die Teilnehmer z. B. das Schild *Follow dreams not…* vervollständigen könnten. Brainstormen Sie in der Gruppe.

Erweiterung

6. Fordern Sie die Teilnehmer auf, gemeinsam mit einem Partner für jeden Paragraphen eine Überschrift zu verfassen. Ermutigen Sie sie dabei, ruhig etwas ‚Schmissiges‘ zu verfassen.

Hinweise

– Achtung! Neu ist u. a. der Begriff *advice* (Zeile 22), den es nur in der Einzahl gibt: *advices*.
– Das amerikanische *detention centre* entspricht dem britischen *youth custody centre* oder *young offender institution*.

03 Talk about the text

1. Die Frage 1–5 dieser Aufgabe sind inhaltliche Nachfragen zum Text. Bitten Sie jeweils einen Teilnehmer, eine Frage vorzulesen. Die Teilnehmer entnehmen die nachgefragten Informationen aus dem Text und besprechen die Antworten in der Gruppe. Fragen Sie bei Unklarheiten nach: *Where in the text did you find this information?*
2. Die Frage 6 ist eine Meinungsfrage. Ein Teilnehmer liest die Frage vor. Bilden Sie zwei Gruppen. Geben Sie jeder Gruppe Zeit, die Frage mit ihren Mitgliedern zu diskutieren. Zeichnen Sie währenddessen zwei Smileys an die Tafel: ☺ ☹
3. Anschließend stellt jede Gruppe ihre Einschätzung des Projektes vor. Notieren Sie dabei die Plus- und die Minuspunkte an der Tafel in Stichworten mit. Alternativ kann dies auch ein Teilnehmer aus der vorstellenden Gruppe übernehmen.
4. Entscheiden Sie mit der Gruppe abschließend: Gibt es mehr positive oder negative Smileys? Welche Punkte wirken schwerer?

Consolidation

Lösungen

Erweiterung

5. Diskutieren Sie mit den Teilnehmern die Frage *Where could you imagine such signs in your town?*

---

04   Now you

1. Bilden Sie Zweiergruppen und verteilen Sie, wenn möglich, an jede Gruppe einige Flipchart-Blätter.
2. Die Gruppen lesen die Aufgabenstellung durch und entwerfen dann eigene Schilder, deren Botschaft sie auf den Blättern notieren. Helfen Sie, indem Sie einige Beispiele geben. Dazu können Sie die ersten drei Wörter der folgenden Happy Street Signs an die Tafel schreiben und die Teilnehmer diese vervollständigen lassen: *Every day is new. I break for love. Give plenty and now.* Unterstützen Sie bei Wortnachfragen.
3. Die Schilder lassen sich am besten vergleichen, indem die Teilnehmer sie an verschiedenen Orten im Raum aufhängen. Alle können anschließend die Schilder-Ausstellung besichtigen. Ermutigen Sie die Teilnehmer, Nachfragen zustellen wie *Where would you put your sign?* Fragen Sie die Gruppe: *Is there a sign you would like to put up in this room/building…?* Prämieren Sie besonders gelungene Texte.

Hinweis

– Bei einer nicht so kreativen Gruppe empfiehlt es sich, gemeinsam einige Schilder zu entwerfen, zu denen Sie Anregungen geben. Mögliche weitere Texte könnten lauten: *Don't worry, be happy; You look pretty today* (ein weiteres Original Kilford-Schild); *Your town loves you*

---

05   LANGUAGE

▶ Grammatikseite 142

1. Die *Language Box* erweitert Frageanhängsel um die positive Form. Weisen Sie daraufhin, das Fragen mit *questions tags* mit aufsteigender Intonation gestellt werden, wenn sie als zum Gespräch oder zur Meinungsäußerung einladende Fragen gemeint sind. Lesen Sie die erste Frage mit deutlicher Intonation vor.
2. Bitten Sie einen Teilnehmer zuerst, die ersten drei Fragen vorzulesen. Fragen Sie die Teilnehmer nach der Regel für die Bildung der *tags: How are questions tags formed? Can you say the rule?* Brainstormen Sie Ideen zu den Regeln in der Gruppe. Negative *Question tags* wurden in Unit 10 in der *Language Box* auf Seite 102 eingeführt. Die Teilnehmer können bei Bedarf diese Box nochmals lesen. Ziehen Sie für weitere Erläuterungen die Grammatikerklärungen auf Seite 142 zu Rate.
3. Bitten Sie einen Teilnehmer, den zweiten Teil der *Language Box* vorzulesen. Fragen Sie auch hier danach, ob die Teilnehmer eine Regel erkennen können. Sammeln Sie Nennungen in der Gruppe.

4. Übernehmen Sie zur Vertiefung einen Satz aus Unit 10 an die Tafel.

> +   –
> Mr Kilford was fascinated by the street signs, wasn't he?

Fragen Sie *Can you make the sentence negative and add a question tag?*
Ergänzen Sie das Tafelbild mit der richtigen Nennung:

> +   –
> Mr Kilford was fascinated by the street signs, wasn't he?
> –   +
> Mr Kilford wasn't fascinated by the street signs, was he?

5. Zum Einprägen der Formenbildung können die Teilnehmer die sechs Sätze der *Language Box* jeweils in eine positive oder negative Aussage verwandeln. Überprüfen Sie die Richtigkeit durch Vorlesen.

---

06 Practice

1. Die Teilnehmer lösen die Ausgabe jeder für sich.
2. Vergleichen Sie die Lösungen durch Vorlesen in Sitzreihenfolge. Verweisen Sie hier nochmals auf die Intonationsregel, wonach die Frage mit einem *question tag* mit aufsteigender Stimmhöhe gelesen wird.

Lösung

> *1 F; 2 G; 3 C; 4 B; 5 H; 6 E; 7 D; 8 A*

Hinweis

> – Als Hausaufgabe können die Teilnehmer die Fragen mit dem *question tag* in die jeweils positive oder negative Form umwandeln. Vergleichen Sie Lösungen durch Vorlesen in der nächsten Stunde.

---

07 Practice

1. Die Teilnehmer lesen die Aufgabenstellung durch und lösen die Aufgabe, wobei sie sich mit einem Nachbarn besprechen können.
2. Bitten Sie anschließend zwei oder vier Teilnehmer, den Dialog mit verteilten Rollen vorzulesen. Die zuhörenden Teilnehmer gleichen dabei ihre Lösungen ab. Stellen Sie die richtigen Lösungen sicher.

Lösung

> *1 isn't; 2 is; 3 neither; 4 Me; 5 haven't; 6 didn't; 7 did; 8 has; 9 hasn't; 10 won't; 11 will; 12 So*

3. In den Lücken 3 und 12 werden Kurzantworten mit *so* und *neither* wiederholt. Die entsprechende *Language Box* findet sich auf Seite 93. Übernehmen Sie zur Wiederholung foldenden Satz an die Tafel:

> I like Happy Street Signs.   So do I.
> I don't like Happy Street Signs.   Neither do I.

4. Bitten Sie die Teilnehmer, einen weiteren Satz und die entsprechende Bestätigung parallel zu dem Tafelbild zu bilden. Übernehmen Sie diesen an die Tafel. Für weitere Erläuterungen ziehen Sie die Grammatikerklärungen auf Seite 141 zu Rate.

Hinweis

– Im Satz mit der Lücke 4 antwortet Gloria *Me too*. Weisen Sie bei Nachfrage daraufhin, dass *I too* zwar grammatikalisch korrekt ist, aber alltagssprachlich nicht gebraucht wird.

08 Practice

1. Diese Aufgabe wiederholt alle drei Typen von *if*-Sätzen. Jeder Teilnehmer löst die gesamte Aufgabe vorerst für sich.
2. Bilden Sie anschließend drei Gruppen und weisen Sie jeder Gruppe einen Typ *if*-Satz zu. Geben Sie dazu jeder Gruppe die Aufgabe, den anderen zu erläutern, nach welcher Regel sie die Lücken gefüllt hat.
3. Bitten Sie anschließend die Gruppe Typ 1, ihre Sätze vorzulesen. Geben Sie den anderen Teilnehmern die Gelegenheit, diese zu kommentieren. Fragen Sie Gruppe Typ 1 dann z. B. *What is your rule for this type of if-sentence?* Die Gruppe erläutert den anderen Teilnehmern ihre ‚Regel‘.
4. Verfahren Sie ebenso mit den Sätzen zu Typ 2 und 3. Eine Grammatikerläuterung für alle drei Formen finden Sie auf den Seiten 144–145.

Lösung

2 don't take; 3 'll find; 4 had; 5 wasn't; 6 'd be; 7 would have made; 8 wouldn't have made; 9 hadn't been

5. Sie können die Aufgabe abschließen, indem Sie folgendes Tafelbild an die Tafel übernehmen. Die Teilnehmer können die Kurzformen der Regeln in der Rand-spalte der Aufgabe notieren.

> Type 1 if + simple present -> will + infinitive
> Type 2 if + simple past -> would + infinitive
> Type 3 if + past perfect -> would have + 3rd form

Erweiterung

6. Übernehmen Sie die Anfänge der Sätze 1 und 6 an die Tafel: *If I move away from here I …; I'd be bored if …*
7. Bitten Sie die Teilnehmer, die Sätze im Gruppengespräch zu vervollständigen. Übernehmen Sie einige Nennungen als Beispiele an die Tafel.

Beispiellösung

If I move away from here, I will miss the forest and the parks, the theatre…; I'd be bored if I didn't have so many friends.

Erweiterung

12.1

6. Kopieren Sie eine Kopiervorlage 12.1 pro Teilnehmer und verteilen Sie diese.
7. Die Teilnehmer füllen die Lücken aus. Dabei können sie sich mit einem Nachbarn besprechen. Vergleichen Sie die Ergebnisse durch Vorlesen in Sitzreihenfolge.
8. Nutzen Sie die Fragen 4–6 für eine Gruppen- oder Partnerdiskussion.

Lösung der Kopiervorlage

1 If somebody offered you a holiday for free, where would you go?; 2 If you park in the tow away zone you will get a ticket.; 3 Would you drive a car if petrol cost twice as much as today?; 4 Nobody will put up happiness signs if they have to pay for them.; 5 If I had stayed in bed, I would have missed a beautiful Sunday morning.; 6 You will be a lot happier if you work less.; 7 I don't think we would have been happier if we had had more money when we were children.; 8 What would life be like if we didn't have washing machines?; 9 We would have bought my sister's house, if she hadn't painted it pink!

---

09 Listening

27

1. Bitten Sie die Teilnehmer, die Bücher zu schließen. Lesen Sie die Erklärung in der Randspalte auf Seite 123 vor, um alle auf den Inhalt vorzubereiten. Spielen Sie anschließend die CD einmal ab. Sammeln Sie dann erste Eindrücke: *What is your first impression? What do you remember from the conversation?*
2. Anschließend öffnen die Teilnehmer die Bücher auf Seite 123 und lesen die Fragestellungen durch. Klären Sie Wortnachfragen.
3. Spielen Sie die CD erneut ab. Die Teilnehmer kreuzen dabei die Lösungen an.
4. Vergleichen Sie anschließend die Lösungen durch Vorlesen. Fragen Sie anschließend z. B. *What do you think about the arguments in the conversation? Which ones do you agree or disagree with?*

Lösung

C; 1 B; 2 A; 3 A

Transcript

27

R = Ryan
S = Sarah
As = Ashley
An = Andrew

R   What do you think of these happiness signs?
S   They're everywhere. I like them. They cheer me up.
As The messages are good. I heard that kids wrote them.
R   Yeah, that's right. High school kids. My neighbor said so. She told me all about it.
An They say these signs are going to reduce crime. But I can't believe that. No one's going to change the way they behave because of a few signs.
S   You can't be sure of that. Maybe they will do some good. Who knows?
An Someone should take them down.
As No, we like them. The messages are what we want to hear. I saw one this morning that said 'The Future Is Ours'. That's good. It's positive.
R   But who pays for these things?
An Is it our money that's paying for them?
S   I don't think so. The city doesn't pay for them. There's an organization that raises the money. You get them free. So quit complaining. Be happy!

---

10 Photo

1. Nutzen Sie diese Aufgabe für ein Gruppengespräch. Bitten Sie dazu jeweils einen Teilnehmer, eine Frage vorzulesen und sammeln Sie Antworten auf die Fragen 1–4 in der ganzen Gruppe.
2. Zur Beantwortung von Frage 2 können die folgenden Wörter hilfreich sein: *excited* – aufgeregt, *overjoyed; over the moon* – überglücklich.
3. In Frage 4 wird das Futur mit *going to* verwendet. Unterstützen Sie die Teilnehmer darin, diese Form auch in der Antwort anzuwenden, um das häufige *will*-Futur zu vermeiden.

4. Die Frage 5 lässt sich gut auch in Zweier- oder Dreiergruppen bearbeiten. Geben Sie jeder Gruppe Zeit, sich einen Titel auszudenken. Helfen Sie bei Wortnachfragen.

5. Jede Gruppe stellt anschließend ihren Titel vor und übernimmt diesen an die Tafel. Jeder Teilnehmer kann sich für seinen Lieblingstitel entscheiden. Diskutieren Sie anschließend in der Gruppe, warum welcher Titel gewählt wurde.

Ideenpool

Aufgabe 03

1. Übernehmen Sie das Gitter an die Tafel:

one way street	advice	hug
detention center	authorities	permission
crowds	government	letters

2. Bilden Sie zwei ungefähr gleich große Gruppen und weisen Sie jeder Gruppe ein Zeichen zu, wie einen Smiley und eine Sonne o. Ä. Erklären Sie, dass die Gruppen nun abwechselnd. Vocabulary *Tic Tac To*e spielen. Dabei wählt die erste Gruppe ein Feld aus, dessen Wort sie gut erklären können. Wird die Erklärung von allen und der Lehrkraft als Schiedsrichter akzeptiert, kennzeichnen Sie das Feld mit einem Zeichen der Gruppe. Danach wählt die zweite Gruppe ein Feld aus. Ist die Erklärung nicht akzeptabel, fällt das Feld an die jeweils andere Gruppe. Ziel ist es, eine horizontale, vertikale oder diagonale Reihe von Feldern mit den eigenen Zeichen zu füllen.

3. Für den Fall, dass eine Umschreibung des neuen Vokabulars zu schwierig ist, fordern Sie die Gruppen auf, mit dem gewählten Wort einen Satz zu bilden. Verfahren Sie danach wie in Schritt 2.

Aufgabe 07

1. Üben Sie Frageanhängsel, indem die Teilnehmer in Sitzreihenfolge Sätze und Anhängsel bilden. Dabei beginnt ein Teilnehmer mit der Frage *The weather is bad/nice today, isn't it?*

2. Der nächste Teilnehmer antwortet und fährt dann mit einer weiteren Frage mit einem Anhängsel fort: *No it isn't. But tomorrow it will be sunny, won't it? / Yes, it is. But tomorrow it won't be that nice, will it?* Ziel ist es, die Fragerunde so lange wie möglich fortzuführen.

Aufgabe 09

1. Nutzen Sie das Transcript zu 09 für eine Wortschatzübung. Kopieren Sie dazu das Transcript und schwärzen Sie einige Wörter, die die Teilnehmer aus der Erinnerung einfügen. Hier grau unterlegt einige Beispiele zum Einschwärzen:

Ryan	What do you think of these happiness signs?
Sarah	They're everywhere. I like them. They cheer me up.
Ashley	The messages are good. I heard that kids wrote them.
Ryan	Yeah, that's right. High school kids. My neighbor said so. She told me all about it.
Andrew	They say these signs are going to reduce crime. But I can't believe that. No one's going to change the way they behave because of a few signs.
Sarah	You can't be sure of that. Maybe they will do some good. Who knows?
Andrew	Someone should take them down.
Ashley	No, we like them. The messages are what we want to hear. I saw one this morning that said 'The Future Is Ours'. That's good. It's positive.
Ryan	But who pays for these things?
Andrew	Is it our money that's paying for them?
Sarah	I don't think so. The city doesn't pay for them. There's an organization that raises the money. You get them free. So quit complaining. Be happy!

2. Verteilen Sie eine Kopie pro Teilnehmer oder projizieren Sie das Transcript an die Wand. Die Teilnehmer füllen die geschwärzten Stellen nach der Erinnerung ein.

3. Vergleichen Sie mögliche Lösungen in der Gruppe. Wertschätzen Sie dabei auch Lösungen, die nicht dem Originaltext entsprechen, sofern sie den Sinnzusammenhang erhalten.

▶ **Aufgabe 12**

1. Fotos sind immer eine anregende Ergänzung zum Unterricht. Laden Sie die Teilnehmer ein, ein eigenes Foto mitzubringen, das vielleicht eine lustige Urlaubssituation, einen kuriosen Schnappschuss oder ähnliches zeigt. Selbstverständlich können Sie mit eigenen Bildern beginnen.

2. Schauen Sie die Bilder in der nächsten Stunde an und diskutieren Sie in der Gruppe mit ähnlichen Fragen wie in der Randspalte.

What have I learned in Units 9–12?

In dieser Rubrik können sich Ihre Teilnehmer selbst testen, ihren Lernstand überprüfen und eventuellen Übungsbedarf herausfinden.

Lösung

1 won't; 2 down; 3 would; 4 broken; 5 does; 6 can; 7 would; 8 so; 9 didn't; 10 don't; 11 neither; 12 doesn't; 13 death; 14 avoid; 15 hadn't

Die *Magazine*-Seiten bieten zusätzliche Materialien für den Unterricht oder für *extra practice* zu Hause an. Der erste Teil bietet Ihren Teilnehmern und Ihnen nützliche und interessante Informationen zu bekannten und weniger bekannten landeskundlichen Themen der englischsprachigen Welt. Kurze Texte und Vokabelhilfen geben den Teilnehmern die Möglichkeit, auch außerhalb der Units Texte zu lesen und zu verstehen. Im zweiten Teil des Magazines, dem *Kaleidoscope*, finden Sie neben spannenden Sachinformationen zu Themen im englischsprachigen Raum viele unterstützende und ergänzende Kurzübungen, die z. B. *false friends*, *idioms* oder auch die Unterschiede zwischen britischem, amerikanischem und australischem Englisch behandeln. Sie können die Seiten auch im Unterricht einsetzen.

Einsatzmöglichkeiten im Unterricht:

- Lesen Sie die Überschrift des *Magazine 1* vor. Sie können die sechs kurzen Texte gut für eine Gruppenarbeit nutzen. Bilden Sie drei Gruppen, denen Sie jeweils zwei Texte zuteilen.
- Die Gruppen lesen vorerst nur ihre Texte durch und berichten anschließend nacheinander den anderen Gruppen über die tierischen Heldentaten. Dabei können die Zuhörer bei geschlossenen Büchern zuhören und gegebenenfalls Nachfragen stellen.
- Anschließend geben Sie den Teilnehmern Zeit, alle Texte einmal durchzulesen. Klären Sie Wortnachfragen.
- Nutzen Sie z. B. den Text über Ningnong für eine Texterweiterung. Erklären Sie, dass es darum geht, Adjektive zu wiederholen. Dazu fügen die Teilnehmer in Partnerarbeit wann immer sinnvoll weitere Adjektiv ein. Geben Sie ein erstes Beispiel vor, z. B. *In 2004 during a **cold** december the Mason family from Milton Keynes in **beautiful** England were on a **great** holiday on the **sunny** island of Pukhet in southern Thailand.*
- Sammeln Sie anschließend die Adjektive, indem Sie den Text langsam vorlesen und die Teilnehmer die Adjektive hereinrufen. Bitten Sie einen Teilnehmer, die Adjektive zu notieren und die Liste am Schluss vorzulesen. Wie viele zusätzliche Adjektive konnten die Teilnehmer finden?
- Diskutieren Sie abschließend in der Gruppe: *Do you think these stories are realistic? Why or why not? Do you know or have you heard about any animal heroes yourself?*

M 1

- Bilden Sie zwei Gruppen. Erläutern Sie, dass es darum geht, sich entweder in Debbie Parkhurst aus *Toby the Golden Retriever* oder in den anonymen Helfer aus der Geschichte *Lulu, the pot-bellied pig* hineinzuversetzen und eine E-Mail an einen Freund über die Geschehnisse zu schreiben. Schneiden Sie die Kopiervorlage M 1 in der Mitte durch und verteilen Sie eine entsprechende Hälfte pro Teilnehmer. Geben Sie den Gruppen Zeit, ihre E-Mail zu schreiben. Gehen Sie herum und unterstützen Sie wo nötig.
- Anschließend tauschen die Gruppen ihre E-Mail aus. Geben Sie den Gruppen Zeit, die jeweiligen E-Mails zu lesen und gegebenenfalls zu korrigieren. Anschließend liest je ein Gruppenmitglied die erhaltene E-Mail vor.

Einsatzmöglichkeiten im Unterricht:

Dinner in the sky
The undersea restaurant
Dining in the dark
Heart attack grill

- Googeln Sie vor diesem *Magazine 2* ungewöhnliche Restaurants in Ihrer Region, die Sie gemeinsam mit den Teilnehmern entweder online oder ausgedruckt anschauen können.
- Bevor Sie mit dem Lesen des *Magazines* beginnen, erklären Sie, dass es um außergewöhnliche Restaurantideen geht. Übernehmen Sie dazu die Überschriften aus der Randspalte an die Tafel.
- Fragen Sie z. B. *What do you think these restaurants could be like? What might they serve? Which country might they be in?* Spekulieren Sie in der Gruppe.
- Anschließend geben Sie den Teilnehmern Zeit, die Texte auf den Seiten 86–87 zu lesen. Klären Sie Wortnachfragen.
- Zur Textvertiefung spielen Sie ein Quiz mit Zweiergruppen. Jede Gruppe überlegt sich zwei Fragen, die sie den anderen Gruppen zu den Texten stellen könnte. Eine erste Gruppe beginnt mit ihrer ersten Frage. Ziel der Zuhörer ist es, die Fragen so schnell wie möglich korrekt zu beantworten. Wer am schnellsten die richtige Antwort gibt, bekommt einen Punkt und darf die nächste Frage stellen usw. Die Gruppe mit den meisten Punkten am Ende hat gewonnen.

Beispielfragen

Where was the first Dinner in the sky restaurant opened?; How much is a meal at the Skipchen?; How many people does the undersea restaurant seat?; What are dark dining restaurants called in the USA?; How many calories does the biggest burger at the Heart Attack Grill have?

- Die Partner stellen in Sitzreihenfolge ihre Fragen, die die Gruppe beantwortet. Bei Unklarheiten fragen Sie immer nach: *Where in the text did you find / is the information?*
- Nutzen Sie die Texte anschließend für eine Gruppendiskussion: *Which restaurant would you like to visit? Do you think the Skipchen is a good idea? Would you eat there yourself? Have you ever had dinner in an unusual restaurant?*
- Fragen Sie nach: *Do you think we should have an unusual restaurant in our area?* Googeln Sie wenn möglich entweder mit den Teilnehmern gemeinsam ungewöhnliche Restaurants in Ihrer Region oder verteilten Sie die mitgebrachten Kopien. Diskutieren Sie in der Gruppe, welche Ideen gut umsetzbar wären.

Hinweise

– Das Wort *chef* ist tatsächlich nur das Wort für Koch oder Küchenchef, nicht für Vorgesetzter (= *boss*).
– Die Abkürzung *lbs* im letzten Bild stammt von dem römischen Wort *libra* ab, dem Wort für das Sternzeichen Waage, das dann als Ersatz für *pounds* verwendet wurde.

M 2

- Verteilen Sie eine Kopiervorlage M 2 pro Teilnehmer. Erklären Sie, dass es darum geht, passende Ausdrücke aus den Texten wiederzufinden und in den Lückentext einzufügen. Dies können die Teilnehmer jeder für sich oder auch in Partnerarbeit durchführen.
- Vergleichen Sie die Lösungen durch Vorlesen in Sitzreihenfolge.

Lösung der Kopiervorlage

1 high; 2 view; 3 earth; 4 plenty; 5 depends; 6 mid; 7 afford; 8 chef; 9 seats; 10 profit; 11 experience

Einsatzmöglichkeiten im
Unterricht:

> Who is he?
> Who created him?
> Setting:
> Methods:
> Interests:
> Marital status:

Beispiellösung

M 3

- Dieses *Magazine 3* befasst sich mit bekannten Roman-Detektiven. Schreiben Sie zum Einstieg das Wort **detective** an die Tafel. Fragen Sie *Who do you think of when you hear the word detective?* Sammeln Sie Nennungen auf Zuruf und übernehmen Sie die Namen an die Tafel.
- Anschließend öffnen die Teilnehmer das *Magazine 3* auf den Seiten 126–127 und lesen die Detektivbeschreibungen durch, wobei sie sich mit einem Partner besprechen können.
- Übernehmen Sie derweil das Bild aus der Randspalte an die Tafel.
- Klären Sie Verständnisfragen und fragen Sie anschließend: *Which of these detectives do you know? Have you watched any movies or read any books about them? Is there a book you would recommend?* Sammeln Sie Nennungen an der Tafel.
- Nutzen Sie das Tafelbild für die Frage *Which other detectives do you know?* Brainstormen Sie weitere Figuren in der Gruppen und übernehmen Sie die Informationen, die die Teilnehmer kennen, in das Tafelbild.

> *Kojak: TV detective (Telly Savalas), Manhattan, logic and teamwork, eating lollipops, unmarried*
> *Miss Marple: hobby detective, Agatha Christie, St. Mary Mead (fictional), logic and science together with her friend Mr Stringer, knitting and gardening, unmarried*
> *Inspector Barnaby: Detective Chief Inspector Thomas "Tom" Geoffrey Barnaby (John Nettles), Causton CID; logic and investigation, his family, married and one daughter*
> *Inspektor Brunetti: Donna Leon; Venice, logic and investigation, good food, Latin books by classical authors, married and two children*

- Kopieren Sie die Kopiervorlage M3 einmal und schneiden Sie die *Guess the word*-Karten aus. Jeder Teilnehmer zieht eine Karte. Geben Sie den Teilnehmern Zeit, über ihre Karte nachzudenken. Sollte einem Teilnehmer das Wort auf der Karte unbekannt sein, kann er seine Karte zum Tausch anbieten.
- Erklären Sie, dass die Teilnehmer nun *Guess the word* spielen. Dabei umschreibt jeder Teilnehmer seinen Begriff so lange, ohne ihn zu nennen, bis die anderen Teilnehmer ihn erraten. Namen berühmter Figuren dürfen nur im „Notfall" als Hilfestellung für die Ratenden genannt werden. Weisen Sie darauf hin, dass alle Wörter Nomen sind.

nach Aufgabe 06

My team:

☺ ☐

★ ☐

Yes, I do.	No, he doesn't.	Yes, she does.
No, we don't.	No, she doesn't	Yes, you do.
Yes, they do.	Yes, it does.	No, I don't.

Questions: _____

_____

_____

_____

_____

_____

_____

nach Aufgabe 07

I'm sitting on my balcony ...

I'm sitting on my balcony in _____.

I can see _____

_____.

Right now / at the moment _____

_____

_____

_____

_____

nach Aufgabe 08

What changed in this room? Make notes.

© Fotolia / Gina Sanders

© Fotolia / verca

nach Aufgabe 11

_____ 3 months	_____ a week	_____ 2 years
_____ last Monday	_____ I had breakfast	_____ I was a child
_____ a long time	_____ 2012	_____ two days
_____ six minutes	_____ I started learning English	_____ the beginning of this week

nach Aufgabe 06

Use the present perfect progressive and
the verbs in the box to complete these sentences.

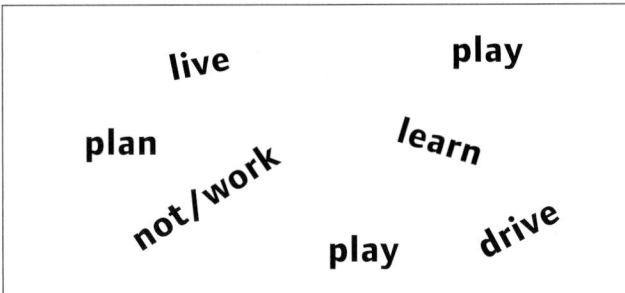

© Fotolia / Dasha Petrenko

I think …

1   … you _ English for (period of time).

2   … you _ golf since you were a child.

3   … you _____ the same car since you took your driving license.

4   … you _____ in the same town since you were born.

5   … you _____ the piano for more than 20 years.

6   … you _____ since you came back from your last holiday.

7   … you _____ to go to an English speaking country for a long time.

© Fotolia / Minerva Studio

nach Aufgabe 09

Clues

1   People who leave their country to live somewhere else _____.

2   Another word for "very very good" _____.

3   Can you _____ a good meal? – Yes, the Yorkshire pudding is very good.

4   My daughter had her 18th birthday party yesterday. It was a great _____!

5   When learning a new language, some words may be difficult to _____.

6   You're English is very good! You will _____ have no problems when you travel to the USA.

7   When you live together with an animal you are its _____.

8   When there is smog and the water is dirty, then there is _____.

9   At the weekend and during the holidays the streets are rather full and there are many _____ problems.

10 He speaks Chinese only, but she doesn't. – So, how do they _____?

Find the mystery word!

Mystery word: __ __ __ __ __ __ __

nach Aufgabe 04

Have you read the new thriller by Dan Brown? 35 GD	**My neighbour usually does sports three times a week.** 20 GD
This year is special! We go to Chicago on holiday, 35 GD	**Do you have bought yourself a new smart phone?** 30 GD
We have had lunch two hours ago. 40 GD	**Are you learning any other language this year?** 10 GD
I enjoy to listen to English pop songs. 25 GD	**Bob doesn't watch a lot of TV in the evening, he prefers DVDs.** 30 GD
I'm tired because I don't have coffee this morning. 40 GD	**My sister learns how to use the internet safely at the moment.** 15 GD

nach Aufgabe 08

Use passive forms with modals to write down some rules about going by train. Are there different rules depending on which type of train you take?

© Fotolia / Oleksiy Mark

Example:

Seat reservations should be made before each journey.

Windows must be kept closed in tunnels.

Mobiles phones ...

Tickets ...

© Fotolia / daskleineatelier

nach Aufgabe 10

© Fotolia / wajan

© Fotolia / kovaleva_ka

© Fotolia / Ian 2010

© Fotolia / kameraauge

© Fotolia / stockphoto-graf

© Fotolia / djama

© Fotolia / ExQuisine

© Fotolia / grafikplusfoto

© Fotolia / Alekss

nach Aufgabe 08

the Berlin Wall / come down	meet / your husband, girlfriend, wife, partner	be / at a pub	Armstrong / land on the moon
at midday on January 1	yesterday evening at 8 o'clock	on 9/11	at 9 o'clock on your birthday
at midnight yesterday	the last time / stand at a red traffic light	police / last stop you for speeding	you / hear somebody talking on the phone loudly / on the train, in a restaurant
last time / see your best friend	Joker	you / get an unexpected * telephone call * unexpected = ,unerwartet'	Joker

nach Aufgabe 10

Find the adjectives matching the nouns ending in -ness.

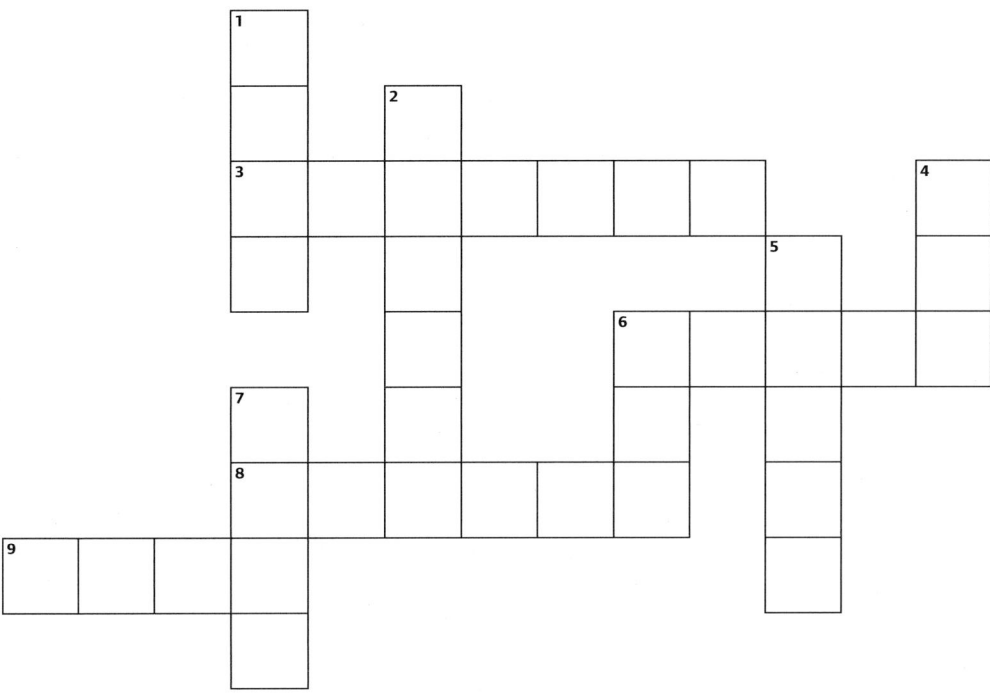

Clues

Across

3 Carefulness is very important when dealing with donations.
6 She got the new job because of her good grades and her smartness.
8 Many people complained about the noise and the untidiness of the hotel.
9 She helps at the kindergarden in her free time. The children love her for her kindness.

Down

1 Many people suffer from travel sickness.
2 Can you help with my new computer monitor? I need to know how to turn down the brightness.
4 He's 80 and still skiing? That's an example of amazing fitness.
5 Look at this photo! You can see happiness in everybody's eyes.
6 His shyness prevented him from asking for help.
7 We decided to give this hotel a bad rating. The rudeness of the staff was unbelievable.

nach Aufgabe 02

Fill in the right words. Then compare with expressions in text 02 on page 71 of your book.

open _____ [1] 9 a.m. to 7 p.m. The Sweet Temptation

Café is not a _____ [2] café. The traditional cupcakes it

has become famous for are absolutely delicious. The cream cupcakes

come _____ [3] fresh seasonal fruit and a mug of

freshly brewed Italian coffee.

If you go in autumn you simply must try a _____ [4]

of their cinnamon pumpkin pie which is available

_____ [5] their main store in Shore Street. They also

serve an amazing _____ [6] of cornbread and the best

banana bread I've ever eaten. All their _____ [7] are

organic and they don't use any flavourings.

The service is quick and extremely friendly. The "Tempy" has turned

into the _____ [8] to go.

However, if you want to take food away be prepared to stand

_____ [9] line for a few minutes while staff are

packing your delights in lovely gift boxes.

_____ [10] the whole prices are fair,

though expensive _____ [11]

a café. But … quality has its price.

© Fotolia / 135pixels

nach Aufgabe 08

nach Aufgabe 07

Can you swim?	What's the worst food you have ever eaten?	Do you like cooking?	Do you ever go to a hair salon?
Are you working on a charity project at the moment?	Do you drink more than five cups of coffee a day?	Have you ever sent something back in a restaurant because it was uneatable?	Are you allergic to chocolate?
Do you like watching horror movies?	Do you drive a Ferrari?	Do you regularly look and buy on eBay™?	Which object in your home has the most sentimental value?
Do you often leave umbrellas in shops, on trains etc.?	Are you a vegetarian?	Do you like hot food?	Do you buy new shoes every month?

nach Aufgabe 06

Make questions with *who* and ask a partner.

Who / best friend?

Who / you / call / two days ago?

Who / come / to the last English class?

Who / you / last / send an email / to?

Who / you / spend / your last holiday with?

Who / you / invite / to your last birthday party?

Who / call / you / two days ago?

Add two more questions of your own:

© Fotolia / Contrastwerkstatt

nach Aufgabe 10

Do you remember the verbs? Read the newspaper headlines and fill in the right verb in the right tense.

1 Two burglars _____ villa in the middle of the night to steal famous painting

2 Shoplifter, aged 12 has _____ ten T-shirts luxury shop in the High Street!

3 Police looking for witnesses who have _____ the accident. Please call 123456

4 Mugger _____ couple on their way home to get woman's handbag.

5 Murderous Black Widow:

She _____ four husbands for their money.

6 DCI Flemming says "Jay and Lenny are our main suspects. We think they have _____ the cars."

7 62 police officers _____ or killed in crimes last year!

8 Dog took sausages from the butcher without _____ .
Owners says he isn't responsible.

murderous – mörderisch
black widow – schwarze Witwe

Write one more newspaper headline yourself:

_____

nach Aufgabe 04

Clues

Across

1 I say fingers _____ when I wish somebody good luck.
3 People say "gesundheit" when somebody _____.
5 Many hotel guests _____ staying in room 13.
8 Most hotels have no floor or room 13 in order to make superstitious guests feel _____.
9 According to popular _____ you shouldn't fly on Friday 13th.
10 The British say "touch wood" and the Americans say _____ on wood.
11 You can say either "gesundheit" or "_____ you".

Down

2 When people believe that black cats bring ill luck they are _____.
4 A lot people are a little bit superstitious, but many others think that's _____.
6 Do you think it brings _____ luck to marry somebody older or younger than you?
7 In China many people believe that the number eight brings you a lot of money or _____.

Find the mystery word!

Mystery word: __ __ __ __ __ __ __

nach Aufgabe 06

Start

1

isn't it

2

don't they

3

hasn't she

4

wouldn't you

5

didn't we

6

(miss one round)

13

don't you

Finish

7

isn't it

12

aren't they

11

didn't she

8

don't they

10

haven't they

9

hasn't he

miss one round = einmal aussetzen

nach Aufgabe 08

© Fotolia / ots-photo

Change the if-sentences into type 3 sentences.

1   If I had a house in the country, I would buy two dogs.

----

2   If more people spent more money on charity, everybody would be happier.

----

3   If you eat less chocolate, you will lose weight.

----

4   I would go skiing every weekend if I lived in Switzerland.

----

5   We will all go to a Stevie Wonder concert if he comes to town.

----

6   If my neighbours were not against it, I would paint my house orange!

----

7   If flight prices go down, I will book a flight for Friday 13th.

----

8   My friend would go the gym if it was for free.

----

9   You won't sleep tonight if you drink too much coffee.

----

10   I will be very sad if my partner forgets about my birthday.

----

nach Aufgabe 10

1 agree with	**2** tell about	**3** climb up

Start ▶

4 miss a turn	**5** wait for	**6** come from

7 move two steps back ◀◀

15 find out	**14** miss a turn	**13** joker		**8** look at

16 look for		**12** feel about	**11** hand something in	**10** joker	**9** take sth from sb

17 something turn out

18 stop something from happening

23 believe in	**24** hear of	**26** go to

19 move 2 steps forward ▶▶	**20** come in	**21** sit down	**22** joker		**26** break into

▼

Finish

nach Aufgabe 08

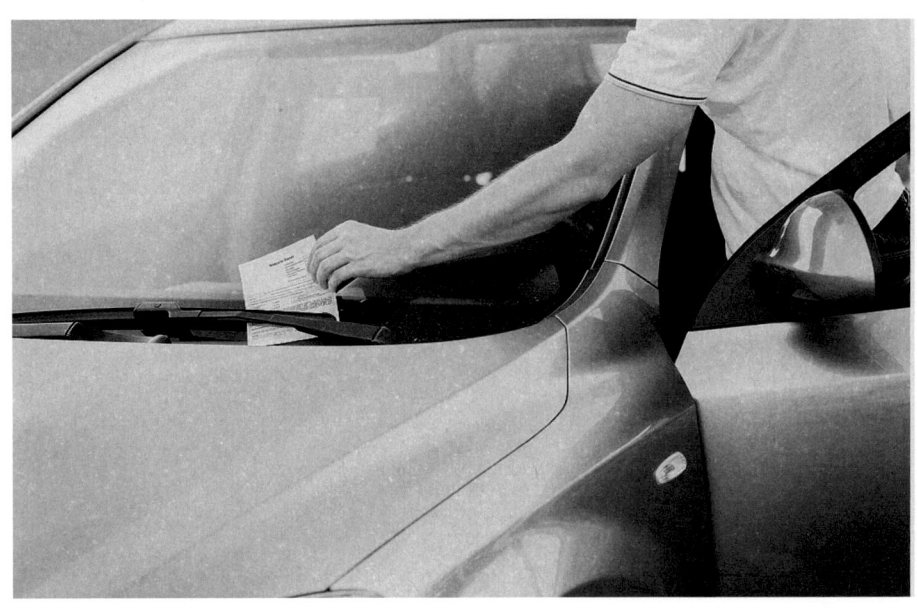

© Fotolia / Syda Productions

1   If somebody _____ (offer) you a holiday for free, where would you go?

2   If you _____ (park) in the tow away zone, you will get a ticket.

3   Would you drive a car if petrol _____ (cost) twice as much as today?

4   Nobody _____ (put up) happiness signs if they have to pay for them.

5   If I had stayed in bed, I _____ (miss) a beautiful Sunday morning.

6   You _____ (be) a lot happier if you work less.

7   I don't think we would have been happier if we _____ (have) more money when we were children.

8   What would life be like if we _____ (not have) washing machines?

9   We would have bought my sister's house, if she _____ (not paint) it pink!

Write answers to questions 1, 3 and 8 and discuss them with a partner.

....

To

From

Subject

Enc

Hello

You cannot imagine what has happened to me today! I …

© Fotolia / alex_bendea

✂

To

From

Subject

Enc

Hello

You cannot imagine what has happened to me today! I …

© Fotolia / UbjsP

Home Delight is a restaurant that serves local food. It's
way up _____ [1] in the vineyards and you have an
all-round _____ [2] of the mountains. The family
who runs it is very much down to _____ [3].
The menu is great. There is always _____ [4] of
variety. What they serve _____ [5] on what
seasonal produce is available. Between 11 a.m. and 12:30
p.m. you can get an enormous _____ [6]-morning
breakfast. Everybody pays six euros for a meal, but of
course you are free to pay more if you can
_____ [7] it. The _____ [8] cooks excellent
soups and the desserts are absolutely delicious.
The restaurant _____ [9] 30 people. To keep costs
down and to make a small _____ [10] you have to
share your table or sit down wherever there is a free place.
This can be a wonderful _____ [11]. Last time I met
two tourists from Sydney and we had a great time
together.

© Fotolia / Horváth Botond

surgeon	**detective**	**private eye**
disguise	**crime writer**	**loner**
murder	**murderer**	**superior**
setting	**divorced**	**owner**